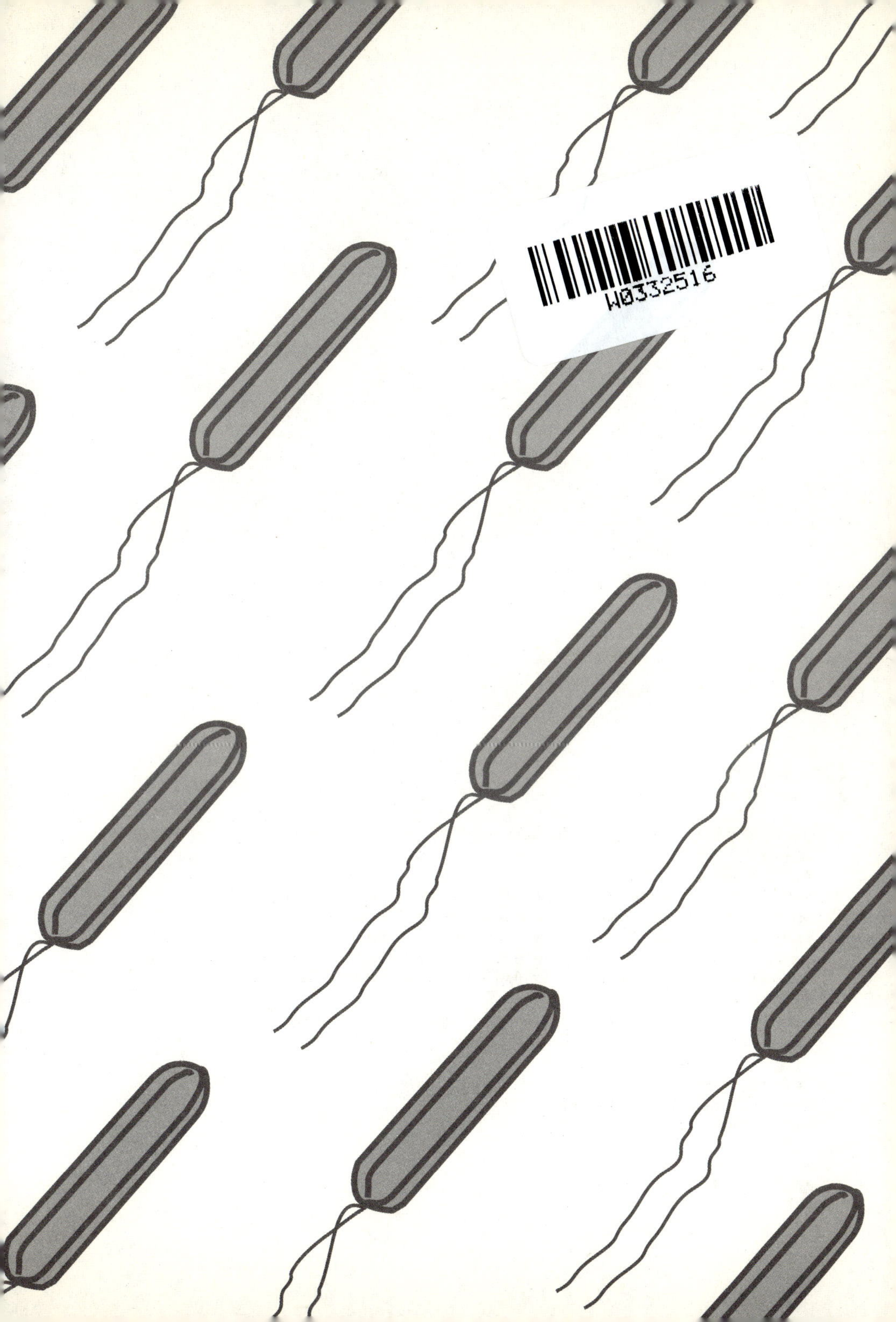

Impressum

Renate Waschek
Dieses kleine Stück Watte
Der Grüne Zweig 194

Satz und Gestaltung: Petra Petzold
Umschlag: Walter Hartmann
Druck: Fuldaer Verlagsanstalt

Dieser Text beruht auf einer Abschlußarbeit für Sprachwissenschaft, Prüfungszeitraum 1995.

Illustrationen
Seite 7, 18 aus: Schlehe, Judith, Das Blut der fremden Frauen, Campus Verlag
Seite 11: Tabu in der Südsee (Salomonen, Hoinara) heute, von Richard Majchrzak
Seite 22, 36, 43, 46, 56, 71, 79, 109 aus: Hering/Maierhof: Die unpäßliche Frau. Sozialgeschichte der Menstruation und Hygiene 1960–1985; Centaurus Verlagsgesellschaft.
Seite 39: aus Tampon-Werbung der Marke Tampona, VP Schickedanz
Seite 61: Carola Rönneburg, taz
Seite 84, 95, 97, 98 aus: 60 Jahre Camelia. Eine Marke macht Karriere.
Seite 109 aus: Utne Reader. July 1991

Verlegt von
Werner Pieper's MedienXperimente
Alte Schmiede, D-69488 Löhrbach

ISBN 3-925817-94-8

RENATE WASCHEK

DIESES KLEINE STÜCK WATTE...

Werbung und Tabu
am Beispiel der Werbung
für Binden & Tampons

DER GRÜNE ZWEIG 194

EDITION
UNTER DER
GÜRTELLINIE

INHALTSVERZEICHNIS

1. Einleitung *9*

TEIL I – TABU *11*

1. Tabu *13*
- 1.1 Einige allgemeine Worte *13*
- 1.2 Zur Etymologie *13*

2. Tabu in der Linguistik *14*
- 2.1 Definition von Tabu *14*
- 2.2 Benennung und Erkennung von Tabus *17*
- 2.3 Der Tabu-Vorwurf *25*

3. Sprachliche Tabuformen *28*
- 3.1 Euphemismen *29*
- 3.2 Nichtkommunikation *33*

4. Was bewirkt Tabu? *35*
- 4.1 Sprache *35*
- 4.2 Macht *35*
- 4.3 Scham und Peinlichkeit bei Tabubruch *37*
- 4.4 Sicherheit *38*

TEIL II – MENSTRUATION *39*

1. Menstruation *41*
- 1.1 Kurze Geschichte eines Tabus *41*
- 1.2 Das Menstruationstabu als Tabu 'der anderen' *48*
- 1.3 Das Tabu der Menstruation heute *55*

TEIL III – WERBUNG *61*

1. Werbung *63*
- 1.1 Theorien zu Werbung und Gesellschaft *63*
- 1.2 Theorien zu Werbung und Sprache *68*

WIE HABEN SIE UNS GEFUNDEN?

Durch Mundpropaganda? Gut. Sagen Sie es weiter ...

„Der am meisten unterschätzte Verlag Deutschlands."
LUTZ KROTH, ZWEITAUSENDEINS

HERZLICHEN GLÜCKWUNSCH

zu diesem Fund! Da unsere Bücher nur selten im Buchhandel vorrätig sind und wir kein Geld und keine Zeit für Werbung haben, gelten wir als immergrüner Geheimtip.

Hat Sie das Buch, in dem diese Karte lag, begeistert? Sie wollen sich bedanken? Haben Sie Korrekturen oder inhaltliche Verbesserungen anzumelden? Lechzen Sie nach mehr Lesestoff? Sind Sie neugierig, was sich hinter den „MedienXperimenten" verbirgt? Lassen Sie sich unseren „Wundertüten-Katalog" (Zitat Radio DRS) zusenden. 1971 wurden die MedienXperimente unter dem Namen Die Grüne Kraft gegründet. Heute verlegen wir neben Büchern der Reihen DER GRÜNE ZWEIG und EDITION RAUSCHKUNDE auch TRANSMITTER CDs, HEMPEL STEMPEL sowie LICHTBLICKE VIDEOS. Seit '94 wird ein Großteil unserer Bücher auf Hanfpapier gedruckt. Wie auch dieser Zettel. Unsere Grünen Zweige kann man abonnieren (Grünes Abo) & dabei sparen...

ok:

Geben Sie sich einen Stoß, füllen Sie aus, was Ihr Herz begehrt, stecken Sie den Schein mit entsprechendem Rückporto in einen Briefumschlag & ab geht die Post:

WERNER PIEPER'S MEDIENXPERIMENTE
D-69488 LÖHRBACH/ODW.

TEIL IV – DIE UNTERSUCHUNG *71*

1. Die Selbstdarstellung der Firmen *73*
1.1 Das Tabu um die Menstruation existiert nicht mehr *73*
1.2 Wie wirbt man für ein tabuisiertes Produkt? *76*

2. These: Die Firmen reproduzieren trotz gegenteiliger Propaganda das Tabu um die Menstruation *78*

3. Analyse der Werbesendungen *80*
3.1 Auswahlkriterien *80*
3.2 Methode *80*
3.3 Probleme *81*
3.4 Durchführung 82
3.5 Ergebnisse *99*

4. Gibt es einen Tabubruch in der Werbung? *101*
4.1 Tabubruch kann mit unterschiedlichen Motiven erfolgen *102*
4.2 Ergebnisse *104*

5. Die Gratwanderung der Firmen *105*
5.1 Die Wanderung zwischen Moral (dem guten Geschmack) und Moderne *105*

6. Zusammenfassung und Ausblick *107*
6.1 Wie wäre es mit einer lustigen Werbesendung? *107*

ANHANG *109*

Transkriptionen *111*
Zeittafel *115*
Literaturverzeichnis *123*

Die menstruierende Dämonin Bstan-Ma, Ausschnitt aus einem Lackgemälde. Tibetanischer Kulturkreis, um 650 n. Chr. Die aus der Vulva strömende Ausscheidung ist im Original rot.

EINLEITUNG

Ein wichtiges Mittel in der Werbung ist Sprache. Problematisch ist Werbesprache dann, wenn für ein tabuisiertes Produkt geworben werden soll, beispielsweise für Toilettenpapier, Babywindeln, Deodorants oder auch Binden und Tampons. Die Schwierigkeit besteht darin, daß tabuisierte Gegenstände und Inhalte schwer in Sprache umzusetzen sind.

Hier stellt sich also die Frage: Wie wirbt man für ein tabuisiertes Produkt? Und: Welche Tabu-Umgehungs-Möglichkeiten gibt es für die Werbenden? Dieses Problem soll am Beispiel der Binden- und Tamponwerbung untersucht werden.

Das Buch gliedert sich wie folgt: Zunächst wird die Tabu-Thematik dargestellt, wobei das Tabu um die Menstruation als ein Beispiel für Tabu näher beschrieben wird. Darauf folgt eine Einschätzung der sprachlichen und gesellschaftlichen Dimensionen von Werbung. Im anschließenden Analyseteil werden exemplarisch drei Werbespots im Zusammenhang mit Tabu untersucht. Abschließend erfolgt eine Einschätzung hinsichtlich der Möglichkeiten, die in der Werbung für tabuisierte Produkte bestehen.

Die Darstellung der Tabu-Problematik beschränkt sich hauptsächlich auf die sprachwissenschaftlichen Auffassungen zum Thema. Das erste Kapitel in Teil I behandelt einleitend die Problematik des Tabu-Begriffs allgemein und die Etymologie des Begriffs.

Der Umgang mit dem Tabu-Begriff in der Linguistik wird im zweiten Kapitel beschrieben, wobei verschiedene Möglichkeiten der sprachlichen Realisation von Tabu aufgezeigt werden. Im Anschluß wird das Problem der Erkennung und Benennung von Tabu beschrieben. In dem Zusammenhang folgt eine Ausführung, wie durch die Tradition der Tabus 'der anderen' der Tabu-Begriff einem Bedeutungswandel unterliegt. Dabei wird erklärt, wie sich eine negative Einschätzung des Tabus bzw. des Tabuisierens konstituiert.

Die Möglichkeiten zur Kommunikation über Tabubereiche, die trotz erschwerter sprachlicher Bedingungen gegeben sind, werden im dritten Kapitel beschrieben.

Das vierte Kapitel beschäftigt sich mit der Wirkung von Tabu in unserer Gesellschaft. Dabei gehe ich darauf ein, wie Tabu die Sprache beeinflußt, Macht unterstützt, Scham und Peinlichkeit auslöst und in bestimmten gesellschaftlichen Bereichen den Menschen Sicherheit geben kann.

Als Beispiel für ein Tabu folgt in Teil II die Beschreibung des Menstruationstabus. Erst wird das Tabu der Menstruation in einem historischem Abriß dargestellt, danach das Menstruationstabu 'der anderen' aus ethnologischer Sicht beschrieben, gefolgt von einer Darstellung der heutigen Situation.

In Teil III werden die Beziehungen zwischen Werbung und Gesellschaft dargestellt. Es wird gezeigt, welche Wechselwirkungen zwischen den Werbenden und den RezipientInnen bestehen und in welchem Maße Möglichkeiten zur Kaufwunschmanipulation von seiten der Werbenden gegeben sind. Dabei wird insbesondere die Vertrauensbildung bei der Werbung, Werbung als Spiegelbild der Gesellschaft und Werbesprache als Scheinsprache berücksichtigt.

Basierend auf den Ausführungen zu Tabu und Werbung folgt die Untersuchung dreier Werbespots aus dem Bereich der Tampon- und Bindenwerbung in Teil IV, die exemplarisch den Umgang mit Tabu in der Werbung verdeutlichen soll.

Die Analyse gliedert sich wie folgt: Zunächst werden die drei Herstellerfirmen und ihre Einschätzung bezüglich des Menstruationstabus kurz vorgestellt. Hieraus entwickle ich die These, daß die Firmen trotz vorgegebener „Fortschrittlichkeit" das Tabu um die Menstruation reproduzieren.

Diese These versuche ich anhand der Analyse der drei Werbespots (o.b., Camelia und Always) zu begründen. In diesen Zusammenhang fällt auch die Diskussion zur Bedeutung von Tabubruch in der Werbung.

Als Resümee folgt die Beschreibung einer Gratwanderung der werbenden Firmen zwischen Moral (dem guten Geschmack) und Moderne. Hier wird dargestellt, unter welchen Bedingungen für tabuisierte Produkte geworben werden kann.

Im letzten Teil werden die Ergebnisse der Untersuchung zusammengefaßt. Ausgehend von den schon geschilderten Bedingungszusammenhängen, unter denen sich Werbung für ein tabuisiertes Produkt vollziehen muß, stelle ich im Rahmen eines Ausblicks meine Überlegungen bezüglich alternativer Werbemöglichkeiten vor.

Im Anhang gibt eine Zeittafel einen historischen Überblick über die Ereignisse rund um Menstruation (medizinisch, kulturell), Werbung und „Frauenhygieneprodukte" bzw. Menstruationsschutz.

TEIL I – TABU

1. Tabu

1.1 Einige allgemeine Worte

„Tabu" ist ein Begriff, der in der deutschen Sprache vielfältig eingesetzt werden kann und eingesetzt wird. Trotz der Selbstverständlichkeit, mit der dieses Wort in der deutschen (Umgangs)sprache benutzt wird, ist die Bedeutung des Begriffs vielschichtiger, als es auf den ersten Blick scheint.

1.2 Zur Etymologie

In einer ersten Annäherung an den Begriff „Tabu" sollen die Ursprünge des Wortes aufgezeigt werden.

„Tabu" ist ein Begriff aus der polynesischen Tongasprache.[1]

Nach dem Etymologischen Wörterbuch des Deutschen handelt es sich bei „Tabu" um ein „kultisches Gebot bei Naturvölkern[2], gewisse als heilig und geweiht verstandene Lebewesen, Gegenstände, Pflanzen, Orte, Wörter u. ä. zu meiden".

In der 2. Hälfte des 19. Jh. bedeutet es im übertragenen Sinne 'heilige, unberührbare Sache, Unverletzlichkeit', und in der 1. Hälfte des 20. Jh. gilt es als 'konventionelle Schranke, Vorschrift, über bestimmte Dinge nicht zu sprechen oder bestimmte Handlungen nicht auszuführen'.[3]

Im Herkunftswörterbuch des Duden wird der Begriff „tabu" mit „unantastbar, unverletzlich" beschrieben. Substantiviert gebraucht als „Tabu" bedeutet es „Unantastbares, (allgemein) etwas, wovon man nicht sprechen darf". Das im 19. Jh. bezeugte Fremdwort stammt aus der Sakralsphäre. „Es bezeichnet ursprünglich alle gottgeweihten, heiligen Dinge, die aus religiöser Scheu dem tatsächlichen oder sprachlichen Zugriff des Profanen verboten ist."[4]

[1] Balle 1990, 17.

[2] Problematischer Begriff.

[3] Pfeifer, Wolfgang (Hrsg.). Akademie – Verlag Berlin 1989. Akademie der Wissenschaften der DDR.

[4] Duden, Herkunftswörterbuch, Etymologie der deutschen Sprache. Mannheim / Leipzig / Wien / Zürich: Meyers Lexikonverlag 1989, Bd. 7.

2. Tabu in der Linguistik

Das Wort „Tabu“ hat einen festen Platz in der deutschen Sprache eingenommen. Es wird als Adjektiv (tabu), Substantiv (Tabu) und als Verb (tabuisieren) benutzt. Und es existieren weitere lexikalische Ableitungen, wie „Tabui(si)ertheit“, „Enttabui(si)erung“ usw. sowie neuere Komposita: „Tabuzone“, „Tabuthema“, „Tabuschwelle“.[5]

Aufgabe der Linguistik ist es, die Verwendung des „Tabu“-Begriffs und seiner Ableitungen zu untersuchen.

Aber auch der Vorgang der Tabuisierung ist für die Linguistik von Interesse, da mit der Tabuisierung bestimmter Handlungen, Gegenstände u. ä. immer auch ein Sprechverbot verbunden ist. Dieses Sprechverbot kann genauso für WissenschaftlerInnen[6] gelten.

Dies mag ein Grund für folgende Diskrepanz sein: Der Gebrauch von „Tabu“ ist recht selbstverständlich[7]. Untersuchungen zur Bedeutung und Verwendung von „Tabu“ hingegen gibt es kaum. So ist z.B. nur wenig Literatur zum Thema „Tabu und Sprache“ zu finden.

2.1 Definition von Tabu

Die Definition von ‘Tabu’ als Begriff ist nicht einfach. Der Begriff wird in vielen Weisen, in den unterschiedlichsten gesellschaftlichen Bereichen und mit den unterschiedlichsten Motiven benutzt.

Bedeutsam für den Tabu-Begriff sind gesellschaftliche Normen und Werte und deren sprachliche Realisation bzw. Nicht-Realisation.

Das heißt: Eine Sache oder Handlung kann auf der gesellschaftlichen und gleichzeitig auf der verbalen Ebene mit einem Verbot belegt werden. Ein Tabu darf und kann nicht an- oder ausgesprochen werden. Einmal ist das Sprechen über die tabuisierte Sache oder Handlung verboten, eben durch das Tabu, und zum anderen kann es nicht ausgesprochen werden, da die hierfür benötigten Wörter ebenfalls mit dem Tabu belegt sind und deshalb nicht benutzt werden dürfen.

Zu dem Thema „Tabu und Sprache“ in der Linguistik werden von Keller und Kuhn folgende Bezeichnungen für die verschiedenen sprachlichen und nichtsprachlichen Tabus genannt:

[5] Musolff 1987, 11.

[6] Zur besonderen Rolle von ExpertInnen siehe: Kap. 4.2 (Teil I) dieser Arbeit sowie Kuhn 1987, 31/32.

[7] Zur Verwendung von ‘Tabu’ im öffentlichen Sprachgebrauch siehe: Musolff 1987, 10 ff.

Keller unterteilt Tabu nach Tabuwörter[8] und Worttabu. Mit Tabuwort, wird ein Wort bezeichnet, das nicht gesagt werden darf, und mit Worttabu ist das Tabu, das mit Tabuwörtern belegt ist, direkt gemeint.[9]

Kuhn unterscheidet zwischen Tabu und Sprachtabu. Bei Tabus handelt es sich um entsprechende Handlungen und bei Sprachtabus um entsprechende Sprechhandlungen.[10]

Weiterhin unterteilt Kuhn die Sprachtabus in Worttabus und sprachliche Tabus. Ein Worttabu ist tabu, weil diese sprachliche Äußerung Tabuwörter enthält, und ein sprachliches Tabu ist eine sprachliche Äußerung, die auch ohne die Verwendung von Tabuwörtern eine Tabuverletzung darstellt.[11]

Kellers Erläuterungen zu „Tabu" beschränken sich auf Wörter, die tabu sind, und auf Tabus, die mit Tabuwörtern belegt sind. Kuhn hat hingegen einen erweiterten Tabubegriff. Er berücksichtigt auch entsprechende (Sprech)-Handlungen, die mit oder ohne Tabuwörter tabu sein können.

Bei den meisten in einer Gesellschaft oder Gruppe vorhandenen Tabus handelt es sich um Dinge oder Themen, die besprochen werden müssen. Z.B. muß eine ÄrztIn nach der Verdauung der PatientIn fragen o.ä. Um in diesen Fällen die Kommunikation zu ermöglichen, werden statt der Tabuwörter Euphemismen[12] verwandt.

Für Kuhn ist das Charakteristische an Tabus, daß nichtsprachliches und sprachliches Handeln miteinander verknüpft sind.[13] Ist eine bestimmte Handlung tabu (z.B. Trauern in der Öffentlichkeit), so ist auch das Sprechen über diese Handlung tabu.

Außerdem ist bei Tabuwörtern die Gebrauchsweise von Bedeutung, da es Wörter mit tabuisierter und nichttabuisierter Bedeutung gibt, wie z.B. das Wort „Schwanz". Es ist also immer das ganze sprachliche Zeichen in seiner Einheit von Lautstruktur und Gebrauchsweise (Ausdruck und Bedeutung) tabu.[14]

Exkurs: Abgrenzung von Tabu zu Verbot

Nach Keller ist ein Tabu mit zwei charakteristischen Merkmalen ausgezeichnet: Das Tabu gilt in der Gruppe, in der es gilt und zwar unstrittig. Und: Das Tabu wirkt von innen.[15] Mit anderen Worten: Ein einmal bestehendes Tabu wird durch

[8] Der Terminus „Tabuwort" wird auch im Fremdwörterlexikon erwähnt. Hier heißt es u. a.: „ein Wort, dessen außersprachlicher Entsprechung für den Menschen eine Bedrohung darstellt u. das deswegen durch eine verhüllende Bezeichnung ersetzt wird (z.B. der Leibhaftige, der Böse an Stelle von Teufel; Sprachw.)" Duden, Bd. 5, 1982.

[9] Keller 1987, 2.

[10] Kuhn 1987, 22.

[11] Kuhn 1987, 23.

[12] Näheres zu Euphemismen unter Kap. 3.1 (Teil I) in dieser Arbeit.

[13] Kuhn 1987, 23.

[14] Keller 1987, 6.

[15] Keller 1987, 2 f.

die Gruppe, in der es gilt, immer wieder erneuert und damit verfestigt. Dieses Tabu wird durch die Gruppenmitglieder nicht als Verbot betrachtet. Die Gründe für ein Nicht-Tun liegen in den Eigenschaften des Tabuobjektes selbst. So ist die Begründung dafür, daß wir in unseren Breitengraden keine Insekten essen, daß wir Insekten essen eklig finden. Da es aber nicht giftig oder auf andere Weise bedrohlich ist, Insekten zu essen, handelt es sich hier um eine quasiobjektive Begründung.

Kuhn schreibt zur Unterscheidung von Tabu und Verbot: Ein Verbot wird direkt ausgesprochen. Die Formulierung eines Verbotes ist im Gegensatz zur Tabuformulierung nicht verboten. Bei einem Tabu müssen alle wissen, was tabu ist, ohne daß es formuliert wird. Zur Durchsetzung von Tabus wird auch gerne die „so-was-tut-man-nicht"-Formel angewandt.

Die Durchsetzung eines Verbotes hängt von der Überwachungs- und Sanktionierungsgewalt ab. Tabus gelten uneingeschränkt und das Schamgefühl, das alle Gruppenmitglieder bei Tabubruch überkommt, ersetzt jedes sonstige Druckmittel.[16] Bei einem Tabubruch gibt es keine Verteidigungsstrategien, und er löst Peinlichkeit und Schamgefühl aus.

Die Wörter „Verbot" und „Tabu" können also nicht synonym verwendet werden.[17]

Und ein Tabu ist beständiger als ein Verbot:

- Ein Tabu wird nicht als Verbot betrachtet, darum versucht auch niemand gegen dieses „Verbot" anzugehen.
- Die Gruppenmitglieder selbst sorgen dafür, daß das Tabu erhalten bleibt, da quasiobjektive Gründe für dieses Tabu existieren.
- Tabus werden, ohne daß eine übergeordnete Gewalt Druck ausüben muß, eingehalten.
- Wenn sich jemand einem Verbot widersetzt, kann dies von den anderen Gruppenmitgliedern als frech oder mutig bewertet werden, da alle es ‘denen da oben’, die immer alles besser wissen und haben, gerne einmal zeigen würden. Ein Tabubruch dagegen ist immer eine Schande für die TabubrecherIn.

Zusammenfassend läßt sich folgendes feststellen:

Unter den Begriff ‘Tabu’ fallen:

1. Wörter, die mit einem Tabu belegt sind und deshalb nicht ausgesprochen werden dürfen. Hier ist die Sprechhandlung tabu, da Tabuwörter enthalten sind.
2. Nichtsprachliche Handlungen, die mit einem Tabu belegt sind.
3. Sprechhandlungen, die keine Tabuwörter enthalten und trotzdem mit einem Tabu belegt sind.

[16] Siehe auch Anti-Onanie-Kampf: Kuhn 1987, 26 ff.
[17] Kuhn 1987, 26-30.

Allgemein gilt: Tabus sind immer für und/oder in bestimmte(n) Gruppen gültig, und sie sind in diesen Gruppen unanfechtbar.

2.2 Benennung und Erkennung von Tabus

Bei der Beurteilung bzw. auch bei der Erkennung von Tabus kommt es immer auf den Standpunkt der beurteilenden Person an. So ist es ein großer Unterschied, ob die Tabus der eigenen Gruppe oder die einer anderen Gruppe genannt oder beurteilt werden sollen. Es können immer nur von Außenstehenden die Tabus der anderen benannt werden, da in diesem Fall der beurteilende Mensch genügend Distanz zu den Tabus hat, da diese ihn nicht betreffen.

Die eigene Gruppe hat auch Tabus, die von allen Gruppenmitgliedern respektiert werden, die aber nicht, und schon gar nicht als Tabus, an- oder besprochen werden dürfen. Die Gruppenmitglieder haben Schwierigkeiten, die Tabus der eigenen Gruppe als solche zu erkennen, da sie, wie Keller es beschreibt, die sogenannte Innensichtweise haben. Die Innensicht verschleiert den Blick auf die *eigenen* Tabus. Beim Tabu klaffen die Innensichtweise und die Außensichtweise stärker auseinander als z.B. bei Konventionen. Darum ist es einfacher, die Tabus 'der anderen' zu benennen.[18]

Zur Tradition der Tabus 'der anderen'

Wie vorher beschrieben, sind es immer *Außenstehende,* die die Tabus einer anderen Gruppe sehen und benennen. Diese Vorgehensweise hat eine lange Tradition.

So stellt Luchtenberg folgendes fest:

> In den meisten Fällen wird Tabu aus dem Verhalten primitiver Völker erklärt, z. T. ohne Beziehung zu unseren Verhältnissen, vgl. etwa Dierers Konversationslexikon (1893, Bd. 12, Sp. 3): „Tabu (tapu): Wort aus der Sprache der Polynesier, dem lat. sacrosanctus (heilig) im Sinne von unverletzlich entsprechend, bezieht sich auf Personen (Häuptling) und Sachen und Orte. Sachen und Orte, die tabu sind, werden als solche durch einen um sie gezogenen Faden bezeichnet, in den Knoten geknüpft sind, und auch wohl Fetische eingebunden werden. Nach dem Aberglauben der Insulaner mußte bei einer Versehrung des Fadens alles in denselben eingeknüpfte Unheil unfehlbar über den Verletzenden kommen.[19]

In Meyers Lexikon (1924, Bd. 11, Sp. 1241) findet zwar ein Bezug zu unserer Kultur statt, dieser ist aber ein ethnozentristischer: „Das Tabu findet sich in Spuren noch auf hoher Kulturstufe, häufiger bei Naturvölkern..."[20]

[18] Keller 1987, 4.
[19] Luchtenberg 1985, 12/13.
[20] Zitiert nach Luchtenberg 1985, 13.

a)

b)

Felsenkunst in Nordwest-Australien (Pilbara-Region), mutmaßliche Bedeutung:
a) die mythischen Schwestern mit genitalem Ausfluß, wahrscheinlich Menstrualblut
b) Schlange und menstruierende mythische Schwestern

Und sogar in einem Lexikon aus dem Jahre 1989 wird der Tabu-Begriff mit dem eher problematischen Begriff „Naturvölker“ in Beziehung gesetzt.[21]

Wie entstand diese Sichtweise des Tabus ‘der anderen’?

Zum Bedeutungswandel des Tabu-Begriffs

Am Ende des 18. und zu Beginn des 19. Jahrhunderts diente das Wort ‘Tabu’ der europäischen Bevölkerung als Erklärungshilfe für die „exotischen Sonderbarkeiten“ der Südseebewohner, die sonst nicht erklärbar schienen.[22]

Die Insulaner lebten z.B. ihre Sexualität recht freizügig aus, zeigten sich aber sonst in vieler Hinsicht ungewöhnlich ängstlich und waren zahlreichen Zwängen und Verboten unterworfen, die sich die europäischen Menschen nicht erklären konnten.[23]

’Tabu’ erwies sich hier als ein geeigneter Ausdruck der reisenden Aufklärer, „um zu erklären, was nicht innerhalb ihres Konzeptes der Vernunft zu erklären war. Tabus, das w… n Anbeginn an Tabus der anderen, und derjenige, d… von spricht, macht dies aus einer Perspektive des A… echenden Durchblickergeste.“[24] So wurde der Begrif… usdruck für das Fremde, Irrationale und nicht Verste… [25]

Die … n bzw. Motive der Südseebewohner interessierte di… nicht, bzw. sie kamen ihr irrational vor, da sie nicht … stellungen über die Welt übereinstimmten. In diesem Desinteresse zeigt sich die herablassende Einschätzung der mit ‘Tabu’ bezeichneten Sitten und Gewohnheiten der Südseebewohner.[26]

Mit der Übernahme des Begriffs in die europäischen Sprachen kam es zu einem Bedeutungswandel[27]. Dieser Wandel zeigt sich auch in der Verwendung und Wirkung von ‘Tabu’ in unseren Breitengraden im Unterschied zum polyne-

21 Siehe hierzu: Pfeifer, Wolfgang (Hrsg.). Akademie – Verlag Berlin 1989. Akademie der Wissenschaften der DDR. Sowie Kapitel 2.2 (Teil I) dieser Arbeit.

22 Kuhn 1987, 20.

23 Kuhn 1987, 20.

24 Kuhn 1987, 21.

25 Kuhn 1987, 20.

26 Diese ethnozentristische Sichtweise zieht sich auch durch die Werke Freuds und anderer Autoren. Denn auch Freud wollte „die Begründungen der archaischen Völker nicht sehen bzw. entsprechend seinen Vorstellungen über die Welt nicht als Begründungen annehmen.“ Siehe hierzu: Kuhn 1987, 21.

27 So schreibt auch Schlehe: „Nachdem Kapitän James Cook als erster vom Tabu auf Tonga berichtet hatte (1771), wurde der Terminus im 19. Jahrhundert in den allgemeinen europäischen Sprachgebrauch eingeführt – in einer Zeit also, in der die europäische, insbesondere die viktorianische bzw. wilhelminische Gesellschaft selbst von vielerlei Tabus geprägt war [...]. Die ursprüngliche polynesische Bedeutung verlor dabei bald jede Relevanz für die Verwendung des Wortes.“ (Schlehe 1987, 50.)

sischen Tabu-Verständnis.[28] Seit dem 19. Jahrhundert wird das Wort auch zur Bezeichnung von irrationalen Konventionen europäischer Zeitgenossen benutzt.[29]

Aus der traditionell ethnozentristischen Verwendung des Begriffs 'Tabu' resultiert, daß eine Benennung der Tabus anderer Menschen oder Gruppen in der westlichen Gesellschaft einer Herabsetzung gleichkommen kann. In diesem Sinne kann der Tabu-Vorwurf zu einer Abwertung und Diffamierung ganzer Gesellschafts- und Kulturgruppen dienen.[30]

Exkurs: Das Tabu-Konzept in der Völkerkunde

Die ethnozentristische Bedeutung des Tabu-Begriffs soll am Beispiel seiner Verwendung in der Ethnologie vertieft werden. Die Tabu-Konzepte der EthnologInnen sind ein gutes Beispiel für die vorstehend genannten Kriterien. Mit Hilfe dieser Konzepte sollen die Tabus einer anderen, fremden Gruppe benannt, beurteilt und erklärt werden. Dies tun die ForscherInnen mit der Außensicht und mit dem Selbstverständnis derjenigen, die zur überlegenen Gruppe gehören.

In ihrem Buch „Das Blut der fremden Frauen" beschreibt Schlehe drei verschiedene Erklärungsansätze verschiedener AutorInnen für die Existenz des Phänomens: Tabu als religiöse, psychologische und soziologische Erscheinung.[31] Diese Ansätze sollen hier kurz dargestellt werden.

Zunächst wurden Tabus als ursprünglich *religiöse* Erscheinung gedeutet. Dieser Ansatz kann auf die Berichterstattung christlicher Missionare zurückgeführt werden, „die in den ozeanischen Tabus Analogien zu ihrer Heiligkeitsidee sehen wollten".[32]

Nach Sir James Frazer entstehen Tabus aus einem *Mangel an Vernunft* und *moralischem Unterscheidungsvermögen*. „Gegenstand der Tabus ist die Isolation spirituell gefährlicher und gefährdeter Personen, sodaß die imaginäre Gefahr sie weder erreicht noch sich von ihnen her ausbreitet. Hinsichtlich dieser Personen trifft, nach Frazer, der 'Primitive' noch keine moralische Unterscheidung zwischen 'heilig' und 'unrein'"[33], im Gegensatz zu den Mitgliedern seiner eigenen Gesellschaft. Mit dieser religiösen Erklärung von Tabus liefert Frazer ein höchst zweifelhaftes Kriterium, „mit dessen Hilfe Religionen als fortgeschritten

[28] Die polynesischen Tabus lassen sich nicht mit den modernen Tabus, etwa aus dem Bereich der Sexualität oder des Todes, gleichsetzen, denn erstens kann in der Südsee über ein Tabu geredet werden (in unseren Lebenszusammenhängen können wir nur über die Tabus, die andere betreffen, ausführlich sprechen) und zweitens kannten die Polynesier nicht dieses extreme Schamgefühl und die Peinlichkeit, die mit unserem Tabu-Begriff verknüpft sind. (Kuhn 1987, 22).

[29] Kuhn 1987, 21.

[30] Musolff 1987, 17.

[31] Schlehe 1987, 50.

[32] Schlehe 1987, 50.

[33] Frazer 1963, zit. n.: Schlehe 1987, 51.

oder als primitiv eingestuft werden konnten."[34] Frazer sieht die Tabus als magisch-religiösen Ursprung einer evolutionistischen Entwicklung[35], die erst allmählich eine politische Bedeutung erlangen und letztlich in den Gesetzen und der Moral seiner eigenen Zeit münden.[36]

Im Gegensatz zu Frazers rationalistischen Ansatz vertritt z. B. Ernest Crawley einen emotionalen, in dem die Religion und das gesamte Wesen der „Primitiven" *allein auf Gefühle* reduziert werden.[37] „In „The Mystic Rose" (1902) beschreibt er die Ideen, die Tabus zugrundeliegen, und die gesamte „primitive Geistesverfassung" als religiös und spricht in diesem Zusammenhang dem „Primitiven" jegliches Unterscheidungsvermögen zwischen Natürlichem und Übernatürlichem sowie zwischen subjektiver und objektiver Realität ab.[38] „Als treibende Kraft hinter allem sieht Crawley allein die Furcht, besonders vor den Gefahren der sozialen Beziehungen, speziell denjenigen zwischen den Geschlechtern."[39]

Die *psychologischen Deutungen* bringen die Tabus in Verbindung mit den Triebstrukturen des Menschen.

Sigmund Freud kommt, aufgrund eines Vergleiches zwischen seiner Analyse von zwangsneurotischen PatientInnen mit dem ihm bekannten ethnologischen Material, zu dem Schluß, daß das Verbotene generell nicht nur bewußte Furcht vor einer Übertretung, sondern zunächst große *unbewußte* Lust dazu beinhaltet: „Grundlage des Tabu ist ein verbotenes Tun, zu dem eine starke Neigung im Unbewußten besteht".[40] In „Totem und Tabu" konstruiert Freud eine Geschichte zum Ursprung von Tabus: „Als früheste Form menschlichen sozialen Lebens nimmt Freud eine 'Urhorde' im Darwinschen Sinne an, in der ein Konflikt entstand, weil der dominante Vater alle Frauen für sich beanspruchte. Die Söhne schlossen sich zusammen, töteten und verzehrten ihn. Aus Schuldbewußtsein und nachträglichen Gehorsam schufen sie zwei fundamentale Tabus: zum einen das der Schonung des Totemtieres[41], welches, indem die Erinnerung an den wirklichen Vater verdrängt wurde, diesen ersetzte und zum anderen das Inzesttabu, mit dem zugleich verhindert wurde, daß zwischen den Brüdern neue Rivalitäten entstanden oder daß erneut ein einziger Mann die sexuelle Kontrolle

34 Douglas, Mary: Reinheit und Gefährdung. Eine Studie zu Vorstellungen von Verunreinigung und Tabu. Berlin 1985 (Engl. Orig.ausg. 1966); zit. n.: Schlehe 1987, 51.

35 siehe hierzu Kap. 2.2 Zur Tradition der Tabus 'der anderen' das Zitat in Meyers Lexikon (1924, Bd. 11, Sp. 1241): „Das Tabu findet sich in Spuren noch auf hoher Kulturstufe, häufiger bei Naturvölkern..."

36 Schlehe 1987, 51.

37 Schlehe 1987, 56.

38 vgl.: Crawley, Ernest: The Mystic Rose. A Study of Primitive Marriage and of Primitive Thought in its Bearing on Marriage. New York 1960: 3, 4; zit. n. Schlehe 1987, 52.

39 Schlehe 1987, 52.

40 Freud, Sigmund: Totem und Tabu. 1968, 42; zit. n. Schlehe 1987, 53.

41 Fremdwörter-Duden: Totem: bei Naturvölkern ein Wesen od. Ding (Tier, Pflanze, Naturerscheinung), das als Ahne od. Verwandter eines Menschen, eines Clans od. einer sozialen Gruppe gilt, als zauberischer Helfer verehrt wird u. nicht getötet od. verletzt werden darf.

Oben: Kaukasische Menstruationshütte. – Unten: „Der Einfluß des Mondes auf die Weiberköpfe“

über alle Frauen ausüben konnte.“[42] Diese ‘historischen Geschehnisse’[43] – einschließlich der ebenfalls aus Schuldgefühlen entstandenen Kastrationsangst – prägten sich laut Freud ins ‘Artgedächtnis’ der Menschheit ein und bilden den Kern der ambivalenten Gefühle von primitiven ‘Tabuvölkern’ und Neurotikern.[44]

Als ein Vertreter der *soziologisch* orientierten Ethnologen beschäftigt sich Arnold van Gennep in „Les Rites de Passage“ (1909) mit dem Übergang von einem sozialen Status zu einem anderen. Die spezielle Gefahr, die Übergangssituationen beinhalten, wird durch Verbote geregelt. Dabei betont er, daß die Mehrzahl der Tabus Begrenzungen und Abgrenzungen menschlicher Sphären, Lebensabschnitte und Erfahrungen betreffen.[45] Die Übergangsphasen zwischen den verschiedenen Statuspositionen sowie diejenigen des Körpers werden durch die Tabus kontrolliert. Tabus beziehen sich nicht zuletzt auf Dinge, die in den Körper eindringen oder aus ihm austreten; sie bewachen auch die Körperöffnungen. Van Gennep beschreibt „Übergangsriten als positive Kulte, die die soziale Identität des Individuums absichern und insofern gesellschaftsstabilisierend wirken. Tabus hingegen bezeichnet er [...] als negative Kulte und weist nur auf ihre verbietende Funktion hin.“[46]

Radcliffe-Brown ist der erste, der „die Aufmerksamkeit darauf lenkte, daß Verbote oftmals in Zusammenhang mit etwas stehen, das von gesellschaftlicher Wichtigkeit ist.“ Er spricht Tabus eher eine positive soziale Wirkung zu. Er sieht im Tabu eine „rituelle Meidung“ oder ein „rituelles Verbot“. Ein rituelles Verbot (also Tabu) ist dadurch gekennzeichnet, daß es bei einer Übertretung zu einer unerwünschten Veränderung des rituellen Status der betreffenden Person kommt.[47]

[42] vgl.: Freud 1968: 171-174, zit. n. Schlehe 1987, 53-54.

[43] Diese Darstellung Freuds ist genauso reine Spekulation wie folgende Freud entgegengesetzte weibliche, gynäkozentrische Version. In ihrem Buch ‘Menstruation und Menopause’ (1975) geht Paula Weideger statt von einem Ur-Vater-Mord von einer Ur-Mutter-Vergewaltigung aus. Sie nimmt an, daß ein Matriarchat herrschte. Die Männer wollten für sich sexuelle Freiheit erlangen und über die Frauen herrschen. Deshalb vergewaltigten sie die Urmutter, setzten sie ab und entzogen ihr die Kontrolle der sexuellen Wahl. Um ihre neue Macht zu stärken, projizierten die Männer die hexenhaften Attribute auf sie, die mit dem Menstruationstabu verbunden sind.
Die Frauen beugen sich aber den männlichen Projektionen und glauben, daß Menstruation unrein ist und Frauen schlecht sind, um sich so vor Brutalität zu schützen, die gegen sie gerichtet würde, wenn sie nicht daran glaubten.
Das Menstruationstabu entstand also aus dem Neid der Männer auf die dominanten Frauen.
Die Frauen akzeptierten das Tabu, sie fürchten jetzt die Männer, aber beneiden sie nicht (wie Freud annahm). Das Tabu bedeutet die ständige Bestätigung eines negativen Selbstbildes.
Dabei differenziert Weideger nicht zwischen verschiedenen Kulturen, weder in bezug auf die psychische Struktur von Frauen noch auf die von Männern [...]. Vgl. Weideger, Paula: Menstruation and Menopause, New York 1975. Schlehe 1987, 167-168.

[44] Schlehe 1987, 54.

[45] Schlehe 1987, 54.

[46] Schlehe 1987, 55.

[47] Schlehe 1987, 55.

Bei allen drei vorgestellten Tabu-Konzepten gehen die ForscherInnen davon aus, daß die Tabus in anderen Gesellschaften existieren. Es sind Erklärungen für den Ursprung von Tabus bei den sogenannten „Naturvölkern". Dieses „Tabu-Stadium" hat die eigene (europäische) Welt hinter sich gelassen. In der evolutionistischen Denkweise Frazers stehen Gesellschaften, die Tabus befolgen, auf der untersten Stufe der Evolutionsleiter. Hierzu schreibt Schlehe: „Eine solche unilineare Entwicklungsrichtung von Tabus aus dem magisch-religiösen in den politischen Bereich ist natürlich nicht zu beweisen."[48] Außerdem ist eine hierarchisch gedeutete evolutionistische Entwicklung von einer „unteren" (primitiven) zu einer entwickelten kulturellen Stufe höchst fragwürdig.

Radcliffe-Brown sieht zwar eine Verbindung von Tabu und Gesellschaft, aber auch er spricht nicht von den Tabus seiner Gesellschaft, sondern von denen 'der anderen'. Ein Indiz für die Betrachtung des Tabus als Tabu 'der anderen' ist hier auch, daß Freud sein Tabu-Konzept im Vergleich von Naturvölkern mit psychisch kranken Europäern entwickelt. Die psychisch Kranken bilden in der Gesellschaft Freuds die Gruppe 'der anderen'.

Die Tabus werden von den „Primitiven" aus dem Gefühl heraus befolgt, sie können keine „rationalen" Erklärungen für ihr Tun angeben.

Außerdem sollen diese Erklärungen umfassend sein und somit für alle Gesellschaften oder Gruppen gelten, in denen Tabus existieren.

Auch die Betrachtung von Tabus als allein religiös, psychologisch oder soziologisch ist für das breite Spektrum, das Tabus einnehmen können, zu kurz gedacht.

Schon 1930 stellt Lehmann fest:

> Tabus gehören also nicht zu einem einzelnen, isolierten Lebensgebiet. Sie können sich nicht nur sowohl auf religiöse als auch auf psychische und soziale Bereiche beziehen, sondern auch wirtschaftliche Effekte aufweisen sowie Vorstellungen von Krieg und Frieden, körperlichen Schutz oder Sexualität betreffen.[49]

Uneinigkeit herrscht bis heute darüber, wie der Begriff Tabu allgemein im wissenschaftlichen Bereich angewendet werden kann.

Einmal könnte der Begriff streng auf Polynesien beschränkt werden, um der Gefahr ungerechtfertigter Übertragungen und Verallgemeinerungen zu entgehen. Oder der Begriff könnte, wie bislang meist üblich, für den gesamten traditionellen Gegenstandsbereich der Ethnologie, den der sogenannten 'Naturvölker', gelten. Im letzteren Fall ist allerdings fraglich, inwieweit oder ob grundsätzlich die Ausgrenzung der eigenen Gesellschaft aus dem Anwendungsgebiet noch gerechtfertigt ist. Diese Ausgrenzung würde eine künstliche Distanz schaffen

[48] Schlehe 1987, 51.

[49] Lehmann, Rudolf F.: Die polynesischen Tabusitten. Eine ethno-soziologische und religionswissenschaftliche Untersuchung. Leipzig 1930, 283-296; zit. n.: Schlehe 1987, 56.

und aufrechterhalten, die sowohl übergreifende Analysen als auch eine Reflexion über die subjektive Involviertheit der WissenschaftlerInnen[50] verhindert.[51]

2.3 Der Tabu-Vorwurf

Der Tabu-Vorwurf richtet sich gegen Menschen, die, nach der Meinung anderer, bestimmte Dinge tabuisieren und damit die Diskussion darüber verweigern. Der Tabu-Vorwurf ist ein strategischer Schachzug, der vor allem gerne im politischen Diskurs verwendet wird. Genauer gesagt handelt es sich hierbei um einen Vorwurf der Rückständigkeit, da es in unserer Gesellschaft als rückständig gilt, nicht über alle Themen sprechen zu können bzw. zu wollen.

Dieser Vorwurf kann nur gemacht werden, weil es in unserer Gesellschaft bestimmte Kommunikationsnormen gibt. Und zwar: Alle diskutierenden Parteien müssen gesprächsbereit sein, ganz gleich um welches Thema es geht. Ein Tabu-Vorwurf oder auch nur der Verdacht eines Tabu-Vorwurfs zeigt, daß eine Partei nicht zur Kommunikation bereit ist und sich somit dieser Norm entzieht.

Beim Tabu-Vorwurf wird also nicht die inhaltliche Position der GegnerIn kritisiert, sondern „der ‘Stil' der Argumentation bzw. der Argumentationsverweigerung."[52]

Die Tabus, die in diesen Fällen den GegnerInnen vorgeworfen werden, sind nicht mit den unter 2.1 (Teil I) beschriebenen Tabus zu vergleichen. Beim Tabu-Vorwurf geht es nicht darum, daß jemand bestimmte Themen nicht besprechen *kann*, weil sie in unserer Gesellschaft tabuisiert sind (z.B. Sexualität), sondern daß jemand bestimmte Themen nicht besprechen *will* (z.B. best. politische Standpunkte).

Diesen Unterschied macht Musolff in seinem Aufsatz „Sind Tabus tabu"[53] deutlich. Hier untersucht er, welche Bedeutung „Tabu" in Ausdrücken, wie „X ist für A ein Tabu" bzw. „A erklärt X zum Tabu", hat. Diese Formulierungen werden häufig im politischen Diskurs zur Diffamierung der GegnerInnen benutzt. Er kam zu dem Ergebnis, daß hier – in der deutschen Umgangssprache – der Tabu-Begriff nicht eine rein beschreibende Funktion hat, sondern als Vorwurfs-sprechakt dienen kann.

Musolff stellt fest:

> Offensichtlich besteht also eine Diskrepanz zwischen der Verwendung des „Tabu"-Begriffs in der ethnologisch – religionssoziologischen Wissenschaftssprache und dem alltagssprachlichen Gebrauch, die eine einfache Übertragung des „Tabu"-Begriffs von dem einen in den anderen Bereich problematisch macht.[54]

[50] Siehe hierzu: Kap. 1.2 (Teil II) dieser Arbeit.
[51] Schlehe 1987, 56-57.
[52] Musolff 1987, 13.
[53] Musolff 1987, 10-18.
[54] Musolff 1987, 17.

Der Vorwurf liegt nicht darin, daß der „Tabuisierer“[55] Tabus hat und beachtet, sondern, daß er sich weigert, über bestimmte Themen zu sprechen.[56]

Der Tabu-Vorwurf beinhaltet eine Image-Gefährdung. Das Image der TabuisiererIn als InteraktionspartnerIn[57] wird in Frage gestellt. Allein durch die Äußerung eines Tabu-*Verdachtes* können die Argumente der gegnerischen Position als unaufrichtig disqualifiziert werden.[58] Erweist sich der Tabu-Vorwurf als richtig, so „scheidet der 'Tabuisierer' als ernstzunehmender, der rationalen Argumentation zugänglicher Diskussionspartner eigentlich aus“.[59]

Die Tabulosigkeit eines Menschen gilt als ein Maß für seine Fortschrittlichkeit und Aufgeschlossenheit. Mit Tabulosigkeit ist hier gemeint, daß der betreffende Mensch von sich behauptet, für ihn gäbe es keine Tabus und er könne über alles reden. Hier wird Tabulosigkeit als Synonym für (grenzenlose) Offenheit verwendet. Das bedeutet keineswegs, daß diese Menschen, die von sich behaupten, keine Tabus zu kennen, nicht trotzdem gewisse Tabus, z.B. um den Tod oder das Sterben, beachten.

Diese Tabus, die tatsächlich in einer Gesellschaft existieren, können niemandem zum Vorwurf gemacht werden. Niemandem könnte bzw. würde vorgeworfen werden, er würde absichtlich, den Tod oder das Essen von Hunden oder Katzen tabuisieren. Dieser Vorwurf würde in dem oben beschriebenen Zusammenhang auch keinen Sinn machen.

Genauso geht es bei den Tabus, die in der umgangssprachlichen Verwendung des Begriffs als Tabu-Vorwurf vorkommen, nicht um Scham und Peinlichkeit, wie bei den unter 2.1 (Teil I) beschriebenen Tabubrüchen.

Der Tabu-Vorwurf ist aus der Tradition der Tabus 'der anderen' heraus entstanden und bekommt aufgrund dieser Geschichte seine Brisanz. Nach Kuhn ist eine Abwehrhaltung gegen Tabus, die in unseren Breitengraden existieren können, auf den Bedeutungswandel des Begriffs und auf die ethnozentristische Betrachtungsweise, die mit den 'Entdeckern der neuen Welt' beginnt und sich durch die ganze Geschichte des Wortes zieht, begründet.[60]

Zusammenfassend kann man sagen:

Der Tabu-Vorwurf dient erstens zur pauschalen (Vor)Verurteilung im Sinne einer Diffamierung anderer gesellschaftlicher oder ethnischer Gruppen und Menschen.

[55] Musolff 1987, 13.

[56] Auch Hannappel / Melenk sehen „die Tabuisierung als 'Kommunikationsverweigerung' mit dem Ziel des 'Verdrängens' eines Begriffs aus einem Großteil der Öffentlichkeit“ (Musolff 1987, 17). Ferner weisen sie auf die Polemisierung des „Tabuisierungs“-Begriff als Schimpfwort hin. Hannappel / Melenk 1979, 259-262.

[57] Dies gilt sowohl für eine einzelne Person, wie auch für Gruppen.

[58] Musolff 1987, 17.

[59] Musolff 1987, 13.

[60] Kuhn 1987, 20 ff.

Zweitens wird der TabuisiererIn willentliche Tabuisierung mit der Absicht der Kommunikationsverweigerung (über bestimmte Themen) vorgeworfen.

Außerdem impliziert der Tabu-Vorwurf in beiden Fällen eine Image-Gefährdung für die der Tabuisierung beschuldigten Gruppen und Menschen.

Gerade in der Werbung ist es wichtig, fortschrittlich und aufgeschlossen zu wirken, denn Werbung hat die Funktion, die zu bewerbenden Produkte in einem positiven, sympathischen und vertrauensvollen Licht erscheinen zu lassen.

Hier ist es von größter Wichtigkeit, daß das Image der Produkte und das der Firma gewahrt bleibt. Deshalb darf sich Werbung nicht dem Tabu-Vorwurf aussetzen, da dies immer eine Image-Gefährdung nach sich zieht.

3. Sprachliche Tabuformen

Trotz des mit einem Tabu verbundenen Sprechverbotes gibt es zwei verschiedene Arten, verbal mit Tabus umzugehen: Einmal kann ein Tabu durch die Benutzung von Euphemismen umschrieben oder angedeutet werden. Zum anderen besteht die Möglichkeit, weder das tabuisierte Thema noch die tabuisierten Wörter aus- oder anzusprechen. Das bedeutet, es kommt zur Nichtkommunikation.

Die sprachliche Tabuform der Euphemismen-Verwendung ist notwendig, da es in unserer Gesellschaft unzählige Themen, Gegenstände oder Orte gibt, die tabuisiert sind, die aber in bestimmten Situationen dennoch besprochen werden müssen. So kann mit Hilfe von Euphemismen z.B. bei einem Arztbesuch über die tabuisierten Ausscheidungen der Verdauung gesprochen werden, ohne daß für die beteiligten Personen eine peinliche Gesprächssituation entsteht.

Luchtenberg sieht in der Benutzung von Euphemismen eine Möglichkeit zur Kommunikation über tabuisierte Themen, ohne sich dabei der Gefahr eines Tabubruchs auszusetzen:

> Durch die Verwendung eines anderen Ausdrucks wird ermöglicht, den Blick auf einen gesellschaftlich weniger gemiedenen Aspekt zu legen und somit die Möglichkeit zu schaffen, der Konvention zu genügen und dennoch die Kommunikation aufrecht zu erhalten.[61]

Für Kuhn ist die euphemistische Redeweise gerade bei der Diskussion von tabuisierten Themen in der Öffentlichkeit unentbehrlich. Denn wenn hier das Thema (z.B. safer sex bei AIDS) unverblümt angesprochen würde, könnten nur wenige Menschen erreicht werden, da es ihnen zu peinlich wäre, weiter zuzuhören oder -zusehen.[62]

Wird ein Tabu-Thema in einem Text unter Benutzung von Euphemismen behandelt, so kann die Analyse dieses Textes über die Analyse der verwendeten Euphemismen laufen. Durch die Untersuchung eines Textes auf die sprachliche Tabuform der Euphemismen ist es also möglich, die in diesem Text behandelten Tabubereiche zu identifizieren oder zumindest zu vermuten.

Auch die sprachliche Tabuform der Nichtkommunikation kann der Analyse als Indiz dienen. Hier wird der Text auf bestimmte Themen oder Worte hin untersucht, die das behandelte Thema berühren, aber in diesem Text nicht benutzt werden. Auch diese Auslassungen können einen Tabubereich anzeigen.

[61] Luchtenberg 1985, 168.
[62] Kuhn 1987, 33.

3.1 Euphemismen

Nach dem Lexikon der Sprachwissenschaft[63] handelt es sich beim Euphemismus um einen rhetorischen Tropus. Hiernach ist ein Euphemismus ein beschönigender Ersatz für ein tabuisiertes Wort mit pejorativer Konnotation. So wird lieber das Wort *„einschlafen"* oder *„heimgehen"* anstatt „STERBEN"[64] benutzt. Auch im politischen Sprachgebrauch werden viele Euphemismen benutzt, z.B.: *Nullwachstum, Entsorgung, Nachrüstung.*[65]

Häufig verliert der Euphemismus seine semantische Funktion, so daß ein neuer Euphemismus an seine Stelle tritt. So wird z.B. das ursprünglich neutrale, dann pejorative ahd. „stincan" durch mhd. „riechen" ersetzt, dies wiederum durch nhd. „duften".[66]

Die Motivation zur Euphemismen-Benutzung ist nicht immer auf die Umgehung eines Tabus begründet.

So werden in der Politik[67] und Werbung Euphemismen zur Beschönigung eines unangenehmeren Sachverhaltes benutzt, der aber nicht unter ein Tabu fallen muß. Zum Beispiel wird in einer Werbung für eine Margarinesorte das Wort 'Margarine' umschrieben oder vermieden, da dieses Wort eine negative Konnotation im Sinne von 'billig' hat. Um das Produkt attraktiver erscheinen zu lassen, wird hier statt der Produktbezeichnung der Markenname genannt.[68]

Da Euphemismen sowohl für die Kommunikation über Tabubereiche als auch über nicht tabuisierte Bereiche benutzt werden, müssen die hier jeweils verwendeten Euphemismen unterschieden werden können.

Da in dieser Arbeit die Tabus, die in einem Werbespot vorkommen, untersucht werden sollen, sind folgende zwei Unterscheidungen von Bedeutung:

1. Verschleiernde Euphemismen[69]
   Verschleiernde Euphemismen werden in der Werbung häufig benutzt, um, wie oben schon einmal angedeutet, einen für das Image des Produktes unvorteilhaften Sachverhalt zu beschönigen oder wegzulassen.

63 Bußmann 1990.

64 In diesem Kapitel sind (in Anlehnung an Luchtenberg 1985) alle *Euphemismen* kursiv und das zu ersetzende WORT in Großbuchstaben geschrieben.

65 Bußmann 1990.

66 Bußmann 1990.

67 Im Extremfall: Im Dritten Reich war die Sprache voll mit euphemistischen Ausdrücken: z.B. *säubern* für TÖTEN u. a. Siehe hierzu auch: Luchtenberg 1985, 50 ff.

68 Nach Danninger liegt die Motivation zur Euphemismen-Benutzung u.a. darin, daß Rücksicht auf Anstandsnormen genommen wird, die öffentliche Meinung (in der Politik u.ä.) beeinflußt werden soll, und um soziale Harmonie und Gleichheit (z.B. bezüglich Begabung, berufliche Qualifikation, körperlicher Leistung bzw. Funktionsfähigkeit und materiellen Besitzes) herzustellen. Allgemein soll Unangenehmes neutral oder angenehm erscheinen. Zu den Tabubereichen gehören die Sexualsphäre, die Menstruation, der Stoffwechsel, die Ausscheidungen sowie Tod und Bestattung. Danninger 1982, 237 ff.

69 Luchtenberg 1985, 173 ff.

Auch in manipulativen Zusammenhängen, wie z.B. in der Politik, kann eine zweite Person mit Hilfe von verschleiernden Euphemismen über den wahren Sachverhalt getäuscht werden.

Eine SprecherIn benutzt verschleiernde Euphemismen mit der Absicht, die HörerIn über bestimmte Ereignisse, Fakten etc. im unklaren zu lassen, um so Vorteile für sich zu erlangen. Außerdem kann die SprecherIn der HörerIn bestimmte Aspekte verschweigen, ohne daß sie die Lüge benutzen muß.[70] Solange die HörerIn die verschleiernde Absicht der von der SprecherIn verwandten Euphemismen nicht durchschaut, liegt ein Ungleichgewicht zwischen diesen beiden Personen vor.

Hierbei handelt es sich nicht unbedingt um eine Tabu-Umgehung, sondern eher um eine Vermeidung der Lüge.

2. Verhüllende Euphemismen[71]

Verhüllende Euphemismen dienen als Hilfsmittel zur Kommunikation über ein tabuisiertes Thema.

In diesem Fall „herrscht also ein prinzipielles Einverständnis der Partner über die kommunikative Funktion der euphemistischen Redeweise“[72] vor. Mit anderen Worten: Bei dieser euphemistischen Redeweise kann „i.a. von einer Gleichberechtigung zwischen Sprecher und Hörer [ausgegangen werden], die das Tabu anerkennen und demzufolge eine entsprechende Bezeichnung wählen“, mit dem Ziel, die Kommunikation über den tabuisierten Gegenstand aufrechtzuerhalten.[73]

Verschleierung und Verhüllung sind nicht eindeutig voneinander zu trennen. So gibt es auch viele Übergangsformen, die zugleich verhüllen und verschleiern, wie z.B. in der Werbung für tabuisierte Produkte. Hier muß auf die Wahrung des Tabus geachtet werden, und gleichzeitig soll das Produkt positiv und ansprechend präsentiert werden. In dieser Werbung müssen also beide Arten, verschleiernde und verhüllende Euphemismen, verwandt werden. So kann mit Hilfe von verhüllenden Euphemismen die Nennung des tabuisierten Produktes vermieden werden. Diese Verhüllung stellt gleichzeitig eine Verschleierung dar, da sie in der Absicht geschieht, das Produkt durch die Wahrung des Tabus positiv darzustellen.

Zur Bildung von Euphemismen können sämtliche Wörter unserer Sprache benutzt werden. Daher ist der Euphemismus nicht unbedingt an bestimmten Wörtern[74] zu erkennen oder aus der Sprache allein zu erfassen, sondern durch

70 Luchtenberg 1985, 177.

71 Luchtenberg 1985, 167 ff.

72 Kuhn 1987, 31.

73 Luchtenberg 1985, 24.

74 Es gibt allerdings Euphemismen, deren ursprüngliche zweite Bedeutung verloren ging. Diese Wörter werden *nur* in euphemistischer Intention benutzt und gehören mit ihrer Funktion als Euphemismus zum allgemeinem Wortschatz, wie z.B. *Freudenmädchen* für PROSTITUIERTE oder *Freund Hein* für TOD. (Luchtenberg 1985, 146.)

seine Funktion bestimmt. Erst die euphemistische Absicht macht eine Metapher, Periphrase oder andere Stilformen zum Euphemismus.[75]

Merkmal von Euphemismen ist also nicht das sprachliche Zeichen, sondern eine bestimmte Verwendungsweise und/oder ein bestimmtes Umfeld, ein bestimmter Kontext. Es macht einen Unterschied, wer, wie und zu welchem Zweck, die euphemistische Redeweise benutzt.

Euphemismen können auch in allen möglichen Stilformen gebildet werden. Bestimmte Bildungsweisen eignen sich allerdings im besonderen Maße zur Euphemismenbildung. Am häufigsten tauchen Euphemismen als Metaphern auf.

Andere Formen sind Litotes, Aspektbetonung, Verallgemeinerungen, Leerformeln, Polysemie, die Verwendung von Fremdwörtern, Auslassungen (oft verwoben mit Aspektbetonung und Verallgemeinerung), Abkürzungen, lautliche Differenzierungen, Ersatz mit Pünktchen und Strichen, Nulleuphemismen u.a.[76]

Auch Metalogismen, wie z.B. die Subtraktion, können euphemistisch wirken: „Durch die Subtraktion wird die Intensität einer Bezeichnung mehr oder weniger verringert, in dem man bestimmte Teile der Wirklichkeit wegläßt."[77]

Mittel der Subtraktion sind Understatement, Verneinung des Gegenteils (Litotes), Ellipse. Bei Metalogismen kann die Abweichung nur im außersprachlichen Kontext wahrgenommen werden.[78]

Luchtenberg unterscheidet insgesamt zwei Arten der Euphemismenbildung:

1. Es wird ein Ausdruck an Stelle des Tabuisierten benutzt, der als Ersatz dienen kann, da er in einem unbeanstandeten Teilaspekt[79] mit ihm übereinstimmt. Diese Möglichkeit gilt für verhüllende und verschleiernde Euphemismen. Allerdings in unterschiedlicher Ausprägung, da bei verhüllenden Euphemismen das Gemeinte erkenntlich sein muß, „während beim verschleiernden Euphemismus das Herausgreifen eines Teilaspektes gerade verhindern soll, daß die übrigen Aspekte wahrgenommen werden".[80]
2. Die Gestalt des tabuisierten Wortes wird auf verschiedene Weise verändert.[81] Dies ist fast ausschließlich bei verhüllenden Euphemismen möglich.[82]

Ein Euphemismus kann aus einem einzelnen oder mehreren Wörtern bestehen. Wichtig ist, daß die euphemistische Wirkung hier wiederum nicht an die Wortart, sondern an die Bedeutung gebunden ist.

[75] Luchtenberg 1985, 182.
[76] Luchtenberg 1985, 128 ff.
[77] Danninger 1982, 247.
[78] Danninger 1982, 247.
[79] Z.B. statt FICKEN sagen viele Menschen lieber *miteinander schlafen*.
[80] Luchtenberg 1985, 140.
[81] Die Veränderung des tabuisierten Wortes geschieht durch Abkürzung, Buchstabenveränderungen oder Ersatz des Wortes durch Striche und Pünktchen. (Luchtenberg 1985, 136-138.)
[82] Luchtenberg 1985, 141.

Ein Satz oder ein ganzer Text kann euphemistisch wirken.[83] Hier gibt es zwei verschiedene Arten. Entweder besteht der Satz oder der Text aus sehr vielen euphemistischen Wörtern, oder der Satz (Text) selbst wirkt euphemistisch.[84] „[E]ine erstaunliche Anzahl von Euphemismen [sind] Fügungen, d. h. keine Einzelwörter, sondern Wortgruppen." z.B. Funktionsverben.[85]

Euphemismen zu erkennen ist nicht so einfach, da Euphemismen, wie oben schon beschrieben, aus dem Wortschatz einer gegebenen Sprache gebildet werden, „ohne äußerlich in irgendeiner Weise als Euphemismen erkenntlich zu sein", z.B. *Bienenkorb* für BEHAUSUNG VOLLER LÄUSE UND UNGEZIEFER.[86]

Um einen Euphemismus erkennen zu können, muß gefragt werden: „Was bewirkt der Einsatz des Euphemismus an dieser Stelle?" Diese Frage muß von zwei Seiten her betrachtet werden: nämlich „vom Sprecher und seinen Intentionen und ebenso vom Hörer und seinen Erwartungen bzw. der Wirkung auf ihn."[87]

Das heißt, Euphemismen können allein an der vermuteten oder tatsächlichen euphemistischen Absicht der SprecherIn oder an ihrer euphemistischen Umgebung erkannt werden. Der Euphemismus bleibt Euphemismus, auch wenn die HörerIn die euphemistische Intention nicht verstanden hat.

Das Erkennen verhüllender Euphemismen ist nicht so schwierig, da die euphemistische Absicht übereinstimmend bei der SprecherIn und der HörerIn liegt. Hier könnte allerdings eine außenstehende Person, die z.B. aus einem anderen Land kommt, Probleme haben, da zur Beurteilung der Euphemismen die Tabus, die umgangen werden sollen, bekannt sein müssen. Das heißt, allein an der Sprache oder an den benutzten Wörtern kann auch das zu Verhüllende nicht erkannt werden, wenn das, was verhüllt werden soll, den am Gespräch teilnehmenden Personen nicht bekannt ist.

Schwieriger ist es, verschleiernde Euphemismen zu erkennen, da hier die euphemistische Absicht durchschaut werden muß, was nicht in der Absicht der SprecherIn liegt. Außerdem kann es hier schwierig sein, den Euphemismus von der Lüge zu unterscheiden: „In vielen Grenzfällen wird es schwierig zu entscheiden sein, ob man noch von Euphemismen sprechen kann oder vielmehr besser von Lüge oder Verschweigen reden sollte."[88]

Die Benutzung von verhüllenden Euphemismen ist einerseits zur Kommunikation über Tabu-Themen notwendig, trägt andererseits aber zur Verfestigung der zu umgehenden Tabus bei. Denn durch die Verhüllung wird bestimmten Konventionen Genüge geleistet, d. h. Tabugebote erfüllt, herausgebrachte Normen werden gefestigt und durch die Sprache in der Gesellschaft tradiert, „so

[83] Luchtenberg 1985, 141.
[84] Luchtenberg 1985, 143.
[85] Luchtenberg 1985, 149.
[86] Luchtenberg 1985, 151.
[87] Luchtenberg 1985, 167.
[88] Luchtenberg 1985, 138.

daß also von einer Wechselbeziehung zwischen Notwendigkeit zur euphemistischen Benennung wegen bestimmter Tabukonventionen und Bewahren dieser Konventionen durch den Gebrauch von Euphemismen gesprochen werden kann. [Das heißt:] Gesellschaftliche Norm und Sprachgewohnheit stehen hier also in Beziehung."[89]

Zusammenfassung

Insgesamt sind die verhüllenden Euphemismen stärker den Synonymen angenähert und die verschleiernden Euphemismen werden in der Nähe der Lüge gesehen, wobei natürlich Übergänge und Überschneidungen angenommen werden müssen.

Zu Andeutung und Metapher stehen Euphemismen dagegen in einem anderen Verhältnis, da der Unterschied zu diesen beiden sprachlichen Erscheinungen in der Intention liegt, „d.h. Euphemismen werden auf der einen Seite intentional gegen Andeutung und Metapher abgegrenzt, und auf der anderen Seite erfolgt eine semantische Abgrenzung zu Lüge und Synonym." Metapher, Andeutung und Synonym können als Euphemismen verwandt werden, die Lüge allerdings nicht.[90] Euphemismus ist im Gegensatz zur Lüge eine inhaltliche Verschiebung.[91]

3.2 Nichtkommunikation

Die zweite Art, mit Tabus umzugehen, ist die Nichtkommunikation. Hier werden die tabuisierten Themen weder an- noch ausgesprochen. Das heißt also, hier wird sowohl auf die Denotation als auch auf die Konnotation verzichtet.[92] Es kann jedoch zu einer Kommunikation darüber kommen, daß eben über das tabuisierte Thema nicht gesprochen werden soll.

Wenn z.B. ein Kind einen Erwachsenen zu einem Thema etwas fragt, das für diesen mit einem Tabu belegt ist, so kann der Erwachsene die Kommunikation über dieses Thema verhindern, indem er zu dem Kind sagt: „Darüber spricht man nicht." Wenn das Kind weiter fragt, warum über dieses Thema denn nicht gesprochen wird, so lautet die einfache Antwort des Erwachsenen: „Weil man darüber nicht spricht." Und das Kind muß sich damit zufrieden geben. Genausogut hätte die erwachsene Person auch die Möglichkeit gehabt, das Thema zu wechseln oder die Frage zu ignorieren. So gibt es mehrere Möglichkeiten einer

[89] Luchtenberg 1985, 153.
[90] Luchtenberg 1985, 202.
[91] Luchtenberg 1985, 203.
[92] Pieper 1991, 5.

anderen Person die Kommunikation über ein Tabu-Thema zu verweigern, ohne dieses Thema aus- oder ansprechen zu müssen. Hier findet also eine Kommunikation darüber statt, daß über das Tabu-Thema nicht gesprochen werden soll.

So kann das Vorhandensein eines Tabus einer anderen Person also ohne weiteres verbal (oder nonverbal) mitgeteilt werden, ohne daß über das tabuisierte Thema gesprochen oder etwa Tabu-Wörter benutzt werden müssen. Auch eine Umschreibung des Themas mittels Euphemismen findet hier nicht statt.

4. Was bewirkt Tabu?

Wie schon in 2.2 (Teil I) gezeigt, neigen Menschen dazu, die Tabus der eigenen Gruppe zu ignorieren. Daher soll in diesem Abschnitt kurz auf die Funktion, die Tabus in unserer heutigen Gesellschaft haben, eingegangen werden.

4.1 Sprache

Das Verbot, über Tabus zu sprechen, kann im extremsten Fall bis zur Sprachlosigkeit gehen. Die Benutzung von Euphemismen kann dieser drohenden Sprachlosigkeit entgegenwirken. Auf diese Weise entstehen immer neue Umschreibungen und Begriffe. Tabus lösen also auch schöpferische Kräfte in der Sprache aus.[93] Dieser schöpferische Akt ist besonders gut in der Werbung zu verfolgen.

4.2 Macht

„Tabu bedeutet Macht", und Sanktionen bei Tabubruch variieren entsprechend dem sozialen Rang.[94] Die Errichtung von Tabus kann Macht[95] verleihen, denn ein Tabu ist stärker als jedes Verbot.[96]

Durch Verbote wird eher die Neugier und das Interesse geweckt.

Bei tabuisierten Handlungen handelt es sich um eine „Subklasse negativer Normen". Mit negativ sind hier Normen gemeint, die Handlungen untersagen und nicht zu Handlungen auffordern.[97] Außerdem müssen Tabus nicht logisch begründet werden. Daher kann durch Tabuisierung etwas verboten werden, ohne daß dieses Verbot begründet werden muß. Und wo es keine Argumente für etwas gibt, lassen sich schwer Argumente gegen dieses Verbot finden.[98] Erschwerend kommt hier noch dazu, daß Tabus, bedingt durch das mit ihnen zusammenhängende Sprechverbot, sowieso nicht zur Diskussion stehen.

Eine Ausnahme bildet hier das sogenannte Expertentum. In ihrer Funktion als ExpertInnen können diese auch über tabuisierte Themen sprechen, und zwar in einer eigens hierfür entwickelten ExpertInnensprache. Denn auch in Zeiten

[93] Luchtenberg 1985, 184.

[94] Balle 1990, 17.

[95] Allerdings geht diese Macht nicht so weit, daß z.B. irgendeine Person einfach ein neues Tabu aufstellt. Es ist vielmehr so, daß die Mächtigeren die schon bestehenden Tabus an „Untergebene" weitergeben können.

[96] Siehe hierzu auch der Anti-Onanie-Kampf, der Ende des 18. Jahrhundert seinen Höhepunkt erreichte. Kuhn 1987, 26 ff.

[97] Kuhn 1987, 25.

[98] Siehe Kap. 2.1 (Teil I) *Exkurs: Abgrenzung von Tabu zu Verbot.*

Zur intimen Hygiene VAGOL

Die peinlichste Sorgfalt soll, insbesondere während der Periode, der Reinhaltung der Unterleibsorgane gewidmet werden. Infektiöse Erkrankungen werden durch Waschungen und Spülungen mit unseren Vagol-Präparaten hintan gehalten, welche das Eindringen von Mikroben und Fäulniserregern und als deren Folgeerscheinungen böse Erkrankungen verhindern, unter denen der ganze Organismus und folgerichtig auch die Schönheit schwer leidet. Hier müssen auch die unerläßlichen Monatsbinden erwähnt werden, die unter stetem Auswechseln der beschmutzten gegen frische alle zerfallenden und faulenden Substanzen aus der gefährlichen Nähe der blutgefüllten Schleimhäute entfernen. — Nach dem Eintritt der Wechseljahre ist die Anfälligkeit für Unterleibskrankheiten beinahe noch größer als vorher und daher darf auch in diesem Lebensabschnitt die Unterleibspflege keineswegs vernachlässigt werden.

Vagol-Frauen-Spülwasser. Anstatt unzureichender Spülungen mit lauem Wasser oder gar mit ätzenden Flüssigkeiten, ist die Vagol-Essenz als Spülmittel das mildeste Antiseptikum und Reinigungsmittel. Je 1 Eßlöffel in je $\frac{1}{2}$ l Wasser gelöst, ist ausgiebig genug für eine gute Desinfektionswirkung und entfernt alle üblen Gerüche. .... Große Flasche M. **2.50**, kleine Flasche M. **1.50**

Vagol-Tabletten enthalten die wirksamen Stoffe der Vagol-Essenz zur Frauen-Hygiene in konzentrierter Form zur bequemen Anwendung auf Reisen usw. .... Eine Rolle M. **1.50**

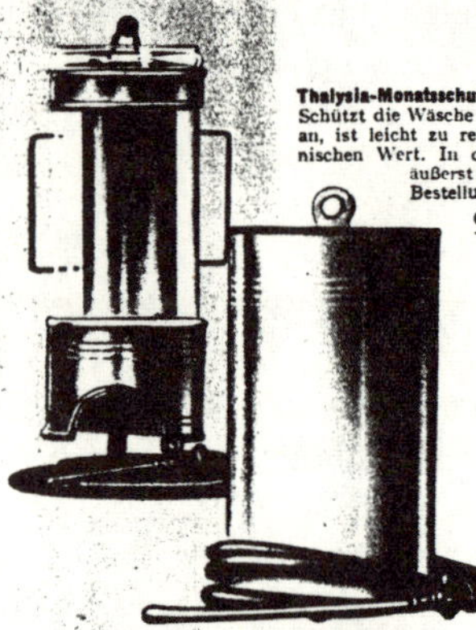

Monatsschutz – Binden – Gürtel

Thalysia-Monatsschutz aus Paragummi mit Stoffeinlage. Schützt die Wäsche und den Körper, schmiegt sich tadellos an, ist leicht zu reinigen und daher von größtem hygienischen Wert. In drei Größen zu haben. Undurchlässig, äußerst praktisch und zweckentsprechend. Bei Bestellungen **Konfektionsgröße** angeben:

Größe cm	40—42	44—46	48—50
	5.25	**6.—**	**6.75**

Auswechselbare Stoffeinlagen extra je M. **—.95**

Monatsbeinkleid „Aspasia" aus gut waschbarem Stoff, mit einer abknöpfbaren Einlage aus Gummistoff. Größe 42 M. **5.—**. Größe 44 M. **5.50**. Größe 46 M. **6.—**. Größe 48 M. **6.50**. Größe 50 M. **7.—**. Leichteste Reinigung. Angenehm im Gebrauch.

Thalysia-Monatsbinden-Gürtel
- a) mit doppeltem Stoffteil und Knopfgummiband .... M. **—.95**
- b) do. mit Gummiband, in Halbmondform .... M. **—.85**

Gestrickte Monatsbinden waschbar,
- a) Hertha ..... Stück M. **—.30**
- b) Ebes, 6fach fein und weich Stück M. **—.40**
- c) Excelsior, 4fach m. Stoffansatz „ M. **—.50**
- d) Diana (aus Frotteestoff) .. „ M. **1.—**

Thalysia-Monatskissen a. Mull m. Watteeinlage mit aufsaugender Holzmehlfüllung und Mullüberzug.
- a) Größe 0 27/9 cm .... Dutzend M. **2.40**
- b) „ 1 24/7 cm .... „ M. **2.10**
- c) „ 1 24/7 cm .... $\frac{1}{2}$ Dutzend M. **1.20**
- d) Liliput für die Reise, Paket zu 5 St. M. **1.25**

Reform-Damenbinde „Camelia" nach Gebrauch ins Klosett zu werfen, wo sie sich auflöst und weggeschwemmt wird, aus Zellstoff mit Mullnetz, sehr aufsaugefähig und weich, auch geruchaufsaugend

Populär	Schachtel (10 Stück)	M. **—.90**
Regulär.	„ (12 „)	M. **1.35**
Extra stark ..	„ (12 „)	M. **1.50**
Record..........		M. **—.50**
Spezial		M. **—.25**

„Camelia"-Gürtel zur einfachen Befestigung der „Camelia"-Binden. Aus Seidengummi (in weiß, rosa, lila) .... Stück M. **—.85**
Aus Baumwollgummi (nur in rosa) „ M. **—.67**
Je in 3 Größen

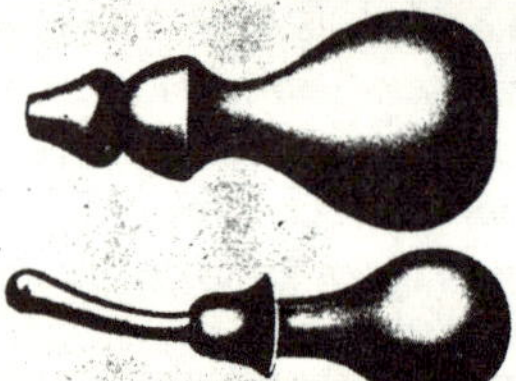

Spülapparate und Einzelteile

Vollständige Spülkannen aus lackiertem oder bronziertem Blech, im Karton mit $1\frac{1}{4}$ m rotem Schlauch und Hartgummigarnitur .... M. **2.50**

Spülkannen aus Glas in Blechgestell. Inh. 1 l. M. **1.65**, Inh. $1\frac{1}{2}$ l. M. **1.90**.

Einzelteile

Kannen allein
- a) einfach, rot lackiert, 1 Liter Inhalt .... M. **—.75**
- b) weiß emailliert, 1 Liter Inhalt .... M. **1.40**
- c) Glaseinsatz allein ...... M. **—.90**
- d) Blechgestell allein ...... M. **—.95**

Schläuche
- a) Gummischlauch, rot, der Meter .... M. **—.50**
  abgepaßt, $1\frac{1}{4}$ m .... M. **—.65**
- b) Wulstschlauch, nahtlos, rot, $1\frac{1}{4}$ m .... M. **—.70**
- c) Irrigatorschlauch, transparent, $1\frac{1}{4}$ m .... M. **1.—**

Zubehör
- a) Scheidenspüler aus Glas mit Abflußschlauch ..... M. **2.—**
- b) Mutterrohre aus Glas .... M. **—.20**
- c) desgleichen aus Hartgummi .... M. **—.40**
- d) Mutterrohrhahn aus Hartgummi M. **—.38**

Vollständige Garnitur a. Hartgummi M. **—.90**
Klistierrohr allein .... M. **—.20**

Zum kompletten Spülapparat gehören: 1 Kanne, 1 langer Gummischlauch, 1 Ansatzhähnchen, 1 Klistierrohr, 1 Mutterrohr. Die Einzelteile können nachbezogen werden oder man kann sich, seinem eigenen Bedarf entsprechend, eine besondere Zusammenstellung wünschen, z. B. mit größerer Kanne oder mit längerem Schlauch.

Irrigatorspritze „Frauenfreund"
Vorzüge: Ganz aus Weichgummi, kann selbst in den unerfahrensten Händen keinen Schaden anrichten. — Die Spülung ist leicht, bequem und ohne Vorbereitungen ausführbar M. **3.50**

Die besten Frauenduschen mit verschieden großen Bällen, ein- oder mehrteilig, zum Auseinandernehmen.
- a) Frauendusche mit Ball 7 .... M. **3.50**
- b) desgl. mit Ball 7 und Klistierrohr M. **4.—**
- c) desgl. mit Ball 8 .... M. **4.50**
- d) desgl. mit Ball 8 und Klistierrohr M. **5.—**

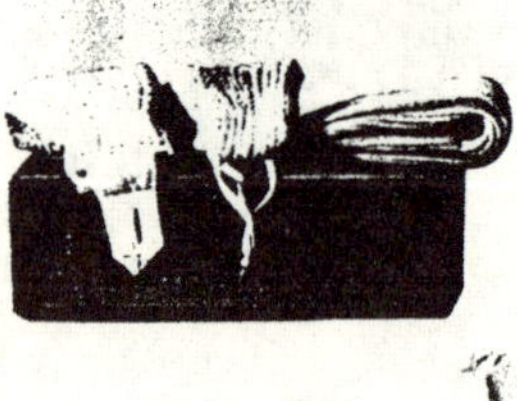

stärkster Tabuisierung können/dürfen/müssen ExpertInnen über dieses Thema reden, allerdings nicht in der Öffentlichkeit, sondern nur in bestimmten Teilöffentlichkeiten.

„Wo Tabus bestehen, gibt es auch Experten, die sich ihrer berufshalber bemächtigen [...]“[99]

Ausgeschlossen sind hier die Menschen, die nicht zu dieser Teilöffentlichkeit gehören, da sie keine ExpertInnen sind und auch die Expertensprache nicht verstehen. Die ExpertInnen urteilen über andere Menschen[100], nämlich über die Nicht-ExpertInnen.

Mit Hilfe von Tabus kommt es zu einer Trennung zwischen Öffentlichkeit und Privatem. Dadurch bekommen die ExpertInnen die nötige Distanz zu den Tabus, über die sie sprechen.

ExpertInnen sprechen in diesem Fall nicht als Privatmenschen, sondern eben in ihrer Funktion als ExpertInnen, also z.B. als ÄrztIn oder als WissenschaftlerIn. Sie machen in ihren Äußerungen deutlich, von welcher Warte aus sie argumentieren, indem sie sagen: „Als ÄrztIn sage ich Ihnen...“ oder „In meiner Funktion als PhysikerIn ...“ usw. In diesem Fall berichten die ExpertInnen nicht von ihren persönlichen und/oder privaten Erfahrungen in bezug auf das Tabu-Thema.[101]

Tabus können nur von Menschen aufgestellt werden, die einen höheren Status haben als diejenigen, die sich an diese Tabus halten sollen.[102]

Durch Tabus wird die Menschheit also unterteilt in die Menschen, die Tabus aufstellen können, und diejenigen, die diese Tabus befolgen müssen.

Das heißt auch: Tabus wirken ausgrenzend. Tabus und die in einer Sprache verwendeten Euphemismen können ein Zeichen für eine ungleiche Machtverteilung[103] sein.[104]

4.3 Scham und Peinlichkeit bei Tabubruch

Diese beiden Aspekte – also Scham und Peinlichkeit – bilden die Grundpfeiler zur Aufrechterhaltung der Tabus. Scham und Peinlichkeit gelten als Gründe,

[99] Kuhn 1987, 32.

[100] Hier taucht das Tabu 'der anderen' auf. Siehe Kap. 2.2 (Teil I).

[101] Diese ExpertInnen gibt es auch in der Werbung. Siehe hierzu Kap. 1.1 (Teil III).

[102] Z.B.: ErzieherInnen lehren Kinder Tabus zu beachten, anstatt etwas zu verbieten.

[103] Als Beispiel für die Verwendung von Euphemismen, die im Zusammenhang mit Herrschaft steht, sei an dieser Stelle noch einmal auf die Sprache im Dritten Reich verwiesen. Hier war die Sprache voll von Euphemismen, die eine Macht stärkende Funktion hatten. [Sonderbehandlung (statt Ermordung), Frontbegradigung oder Absatzbewegung (für Rückzug), Schutzhaft (für Verhaftung), Soforthilfe (für Katastropheneinsatz)]. In: Hannappel / Melenk 1979, 272.

[104] Dies gilt nicht für die Tabus, die den allgemein empfundenen Beklemmungen, wie z.B. bei Tod und Sterben oder Unhöflichkeiten, zugrunde liegen. Bei letzterem sind sich HörerIn und SprecherIn über die Notwendigkeit des Tabus und der benutzten Euphemismen einig.

weshalb Tabu-Themen auf keinen Fall oder nur sehr schwierig öffentlich gemacht werden können. Durch diese beiden Faktoren befindet sich das betreffende Thema nicht in der öffentlichen Diskussion. Da über ein Tabu nicht gesprochen werden darf, ist es sehr schwer, sich bei einem Tabubruch öffentlich zu rechtfertigen.

Anderseits ist es gerade durch das Sprechverbot oft nicht notwendig, sich zu rechtfertigen, wie es z.B. bei Inzest der Fall sein kann. Hier wissen die Menschen der näheren Umgebung häufig von dem Inzest, stellen den Täter aber nicht zur Rede.

4.4 Sicherheit

Tabus sind Meidungskonventionen. Und „Konventionen sind Handlungsweisen, durch die Koordinationsprobleme gelöst werden".[105] Durch Tabus sind also auch bestimmte gesellschaftliche Verhaltensweisen geregelt.

Bei bestimmten gesellschaftlichen Ereignissen geben Tabus Sicherheit durch vorgegebene Verhaltensrichtlinien.

Die Einhaltung dieser Richtlinien hat den Vorteil, daß die einzelne Person sich nicht mehr bei den sogenannten kleinen Dingen des Alltags für eine Möglichkeit entscheiden muß. Bei diesen Richtlinien kann sich jeder darauf verlassen, daß die anderen sich auch daran halten. So braucht in unseren Breitengraden niemand zu überlegen, ob er in einem Restaurant mit Messer und Gabel oder mit den Fingern essen will, es sei denn, es handelt sich um ein entsprechendes Lokal, in dem gerade das mit-den-Fingern-essen-dürfen zur Attraktion gehört (z.B. das sogenannte Räuber-Essen).

Durch das Sprechverbot wird diese Sicherheit in einigen Fällen zu einer Schein-Sicherheit. Dies ist z.B. bei dem Tabubruch des Inzest der Fall. Zu dem gegenwärtigen Zeitpunkt schützt das Tabu hier eher den Täter als das Opfer.

[105] Keller 1987, 3.

TEIL II – MENSTRUATION

Das Gift in Ihrem Blute kostet Jahre Ihres Lebens!

»Wenn Du glaubst, Du seist emanzipiert,
so stell Dir mal vor, Dein Menstruationsblut
zu kosten – wird Dir schlecht, hast Du
noch 'nen langen Weg vor Dir, Baby!«

Germaine Greer

1. Menstruation

Im Folgenden wird hauptsächlich von der Umgangsweise mit dem Tabu der Menstruation in unseren Breitengraden berichtet, da die hier untersuchte Binden- und Tampon-Werbung auf dieses Publikum zugeschnitten ist. Auf das Menstruationstabu als Tabu 'der anderen' wird im folgenden eingegangen. Im Anschluß folgt eine Abschätzung der heutigen Situation in der westlichen Welt. Auf die frühen kulturellen vorpatriarchalen Vorstellungen will ich nicht weiter eingehen. Hierzu gibt es zu wenig gesicherte Zeugnisse.[106]

1.1 Kurze[107] Geschichte eines Tabus

In vielen Gesellschaftsformen gibt es die Vorstellung, daß die menstruierende Frau eine Bedrohung ist und eine übernatürliche Macht ausstrahlt. Das bedeutet, daß diese Frauen Angst machen, und zwar hauptsächlich den nicht menstruierenden Männern.[108]

So schreibt Püschel in seiner Untersuchung „Die Menstruation und ihre Tabus":

106 Vgl. Schlehe: „Aus vorgeschichtlicher Zeit liegen [...] kaum Zeugnisse über Ideen und Praktiken bezüglich der Menstruation vor." (Schlehe 1987, 9). Die Interpretationen zu den Funden sind unterschiedlich. Z. B. bei der eiszeitlichen weiblichen Figur, der „Venus von Laussel". Mit der linken Hand zeigt sie auf ihren Unterleib und in der Rechten trägt sie ein Horn, das Zeichen des Mondes. Spuren roten Ockers deuten auf die frühere Bemalung hin. In die Mondsichel sind 13 Kerben eingeschlagen, das ergibt 14 Wülste. Zwei solcher „Halbmonde" würden also die 28 Tage des Menstrualzyklus anzeigen. Für Rudolf Gross ist eindeutig: „es handelt sich um eine prähistorische Darstellung der Menstruation" bzw. um eine „biologische Uhr" (Gross, Rudolf: Warum die Liebe rot ist. Farbsymbole im Wandel der Jahrtausende. Düsseldorf 1981, 19; zit. n. Schlehe 1987, 10). Andere Forscher sahen in dem Horn jedoch schlicht ein Musikinstrument. (Grand-Chastel, Paule-Marie. Die Kunst der Vorzeit. Stuttgart 1968, 58; zit. n.: Schlehe 1987, 10). Hering und Maierhof erwähnen ein Tontäfelchen aus dem Jahre 3000 v. Chr. als früheste erhaltene Urkunde: Hering; Maierhof 1991, 12.

107 Das Tabu um die Menstruation ist ein weites Feld. Eine umfassende Darstellung des Themas würde den Rahmen dieser Arbeit sprengen. Daher soll in diesem Kapitel der historische Ablauf der Tabuisierung anhand einiger Beispiele geschildert werden.

108 Im Gegensatz hierzu berichtet Walker in einem positiveren Sinne von weiblich orientierten Schöpfungsmythen, in denen das Menstruationsblut eine lebensspendende Funktion hat. So schreibt sie u.a.: „Südamerikanische IndianerInnen gingen davon aus, daß die ganze Menschheit zu Beginn aus »Mondblut« geschaffen worden sei. Dieselbe Vorstellung gab es in Mesopotamien; dort soll die große Göttin Ninhursag die Menschen aus Lehm gemacht und ihnen ihr »Blut des Lebens« eingeflößt haben. Unter ihren wechselnden Namen Mammetun oder Aruru die Große, die Töpferin, lehrte sie Frauen, Lehmpüppchen zu formen und sie als Empfängniszauber mit Menstruationsblut zu betreichen. Diese Art Magie lag auch dem Namen *Adam* zugrunde, denn das weibliche *adamah* bedeutet »blutiger Lehm«, obwohl die Wissenschaftler es meist zartfühlend mit »rote Erde« übersetzten." (Walker 1993, 698.)

In der ganzen Welt ist der Glaube verbreitet an magische Kräfte (böse, selten gute), die die menstruierenden Frauen besitzen sollen, oder an die Giftwirkung des Menstrualblutes. Dieser Glaube wird oft von den verschiedenen Autoren als Furchtvorstellung von der männlichen Seite gedeutet.[109]

Allgemein handelt es sich bei den Menstruationstabus um „Methoden, die den anderen helfen sollen, der Frau und ihrem gefährlichen Einfluß entgehen zu können, und die es der Frau ermöglichen sollen, die Menstruation zu überstehen, ohne ihrer eigenen tödlichen Macht zu erliegen.“[110]

Bei den Menstruationstabus handelt es sich um das Ausschlußtabu und das Sexualtabu. Im Folgenden sollen diese beiden Begriffe kurz erläutert werden:

Wie weiter oben schon beschrieben, werden der menstruierenden Frau unnatürliche Mächte zugeschrieben, die den Mitmenschen Angst machen. Da die menstruierende Frau aus diesem Grunde für ihre Mitmenschen eine Gefahr darstellt, müssen letztere vor ihr geschützt werden. Dies geschieht durch das *Ausschlußtabu.*

Dieses Tabu bedeutet, daß die Frau während ihrer Menstruation von der Gesellschaft, in der sie lebt, ausgeschlossen wird.[111]

In den großen Weltreligionen[112] (im Judentum, den christlichen Kirchen, Islam, Hinduismus usw.) gibt es die Vorstellung von der Unreinheit der menstruierenden Frau, diese Vorstellung schließt ein Berührungsverbot, und damit auch ein Ausschlußgebot, ein.

So findet sich im 3. Buch Mose[113] folgende Zeilen über die Unreinheit der Frau:

> Wenn eine Frau Ausfluß hat, und zwar den monatlichen Blutfluß, dann bleibt sie sieben Tage in ihrer Unreinheit. Jeder, der sie berührt, wird unrein bis zum Abend. Alles, worauf sie während ihrer Unreinheit liegt, wird unrein, ebenso wird alles unrein, worauf sie sitzt. Jeder der ihr Lager berührt, muß seine Kleider waschen und sich baden; er ist unrein bis zum Abend. Jeder, der irgendeinen Gegenstand, auf dem sie saß, berührt, muß seine Kleider waschen und sich baden; er ist unrein bis zum Abend.[114]

Das *Sexualtabu* bedeutet, daß eine menstruierende Frau keinen Geschlechtsverkehr mit einem Mann haben darf.

109 Püschel 1988, XVI.

110 Courage 1979, 4.

111 Diese Formulierung ist nicht ganz korrekt, soll hier aber erstmal so stehen bleiben. Zu alternativen Sichtweisen hierzu siehe Kap. 1.2 Das Menstruationstabu als Tabu 'der anderen' (Teil II).

112 Siehe hierzu: Püschel 1988, 5-13.

113 Interessanterweise spielt Blut, und zwar als Blut Christi, eine bedeutende Rolle in der Bibel. Luisa Francia schreibt hierzu: „Wir sind ja in der Kirche einiges an Brutalität gewöhnt: Da hängen sie ihren Helden auf, nageln ihn an, verherrlichen sein Leiden, setzen ihm eine Dornenkrone auf. Symbol der Religion an sich sind Sado-Maso-Instrumente zusammen mit einem gefolterten und hingerichteten Mann. Sie trinken sein Blut und essen seinen Leib und rühmen sich auch noch dieser kannibalischen Taten.“ (Francia 1988, 11-12.)

114 3. Buch Mose, Kp. 15, 19-23.

Wäschestücke für besondere Zeiten.

In bestimmten Zeiten sind Vorrichtungen zum Schutz gegen Erkältung und zur Schonung der Leib- und Bettwäsche von großem Nutzen; wir stellen sie hier zusammen. Zunächst ist es eine Anzahl Monatsbinden, welche sämtlich den Vorzug leichter Anfertigung und besonders denjenigen leichter Wiederherstellung bei und nach der Wäsche haben. Sie können zum Teil aus alten Stoffen gemacht werden, wie jeder Haushalt solche bietet, und sind je weicher um so besser. Noch gute Stücke von Hemdrümpfen, Bettlaken, altem Tischzeug lassen sich dafür verwerten, und zwar ist Leinengespinst vorzuziehen, da seine Reinigung leichter vor sich geht. Jedoch auch aus neuen, weichen und lose geschlagenen Stoffen, die große Aufsaugungsfähigkeit besitzen, lassen Binden sich mit Vorteil herstellen, z. B. aus Diaper.

Zarten Frauen wird die für kalte Witterung sehr empfehlenswerte Leibbinde, Abb. 107, gute Dienste leisten, und Frauen, welche, der Reformtracht huldigend, geschlossene Stoffbeinkleider tragen, haben an dem ganz einfachen Shirtingbeinkleid, Abb. 109, ein vorzügliches Schutz- und Schonungsmittel, während der praktische einzuknöpfende Streif, Abb. 108, nur Schonung des Reformbeinkleides bezweckt. Beide Stücke sind zum Einknöpfen in das Stoffbeinkleid eingerichtet.

In Zeiten vor und nach der Geburt eines Kindes können Frauen durch Umstecken eines großen, zum Dreieck zusammengeschlagenen weißen Tuches dem Körper wohltuenden Halt geben. Der schräge Bruch kommt nach unten; die Zipfel werden hinten straff übereinandergelegt, mit Sicherheitsnadeln festgesteckt, den Mittelzipfel schlägt man nach Bedarf ein und befestigt ihn vorn noch mit einer dritten Nadel.

Bettunterlagen, wie Abb. 110 u. 111, dienen zeitweise zur Schonung der Matratzen: in Wochenbetten sind sie unentbehrlich.

102—106. Monatsbinden. 102 u. 102a. Diese Binde besteht aus einem 42 cm großen Tuch, an zwei Ecken mit Band und Oese versehen; man faltet sie in schräger Richtung 4fach zusammen. — 103 u. 103a zeigen eine einfache Binde. Sie wird aus einem doppeltgelegten, an einer Ecke abgestumpften, rings durch Naht geschlossenen 42 cm großen Teil dadurch gebildet, daß man die Ecken a u. b nach innen steckt. Bänder sind nach Vorbild anzubringen. — Die Binde, Abb. 104, 104a u. b, besteht aus Gürtel mit Spangen und dem anzuknöpfenden Bindenteil. Auch hier sind die Einlagen nicht fest eingenäht, sondern werden vor Gebrauch erst durch Falten und Einstecken hineingebracht. Ein Stück Stoff von 55 cm Breite und 42 cm Höhe wird 20 cm vom oberen Rand an den Seiten 15 cm tief eingeschlitzt. Dann schlägt man den oberen Rand herab, sodaß a auf a trifft (s. Abb. 104a), und näht vom Einschnittende in Rundung die Kurzseiten des doppelten Teils aneinander. Man stürzt den genähten Teil um und säumt den verbleibenden Schlitz sowie die Ränder des eckigen Teils, welcher bei dem Gebrauch der Binde, siehe die punktierte Linie auf Abb. 104a, zuerst von beiden Seiten, dann von unten zusammenzulegen und in den offenstehenden Schlitz zu stecken ist. — Zur Wäsche werden diese Binden natürlich auseinandergefaltet. — Abb. 105 zeigt eine Binde in Dreieckform, deren oberer, in hinterer Mitte zu vier kleinen Falten festgenähter Rand 85 cm mißt, bei 65 cm Länge jedes Seitenrandes. Die kleine aufzuknöpfende Einlage ist, etwa 30 cm lang, 10 cm breit, aus mehrfach aufeinander gelegten Stoffteilen gefertigt und mit Steppreihen durchschrägt. — Die Binde, Abb. 106 u. 106a, ist in Form einer Windelhose gearbeitet und mit einer einzubindenden und deshalb wechselbaren Einlage versehen. Sie empfiehlt sich ihrer Größe wegen für den Winter. Die Einlage ist 36 cm lang und 15 cm breit, aus mehrfacher Stofflage zusammengefügt oder mit Watte gefüttert und quadratförmig durchsteppt; die Watte wäscht sich gut. Der Hauptteil ist aus einfacher Stofflage gearbeitet, beim Modell Köper, und mit den notwendigen Knöpfen und Knopflöchern versehen.

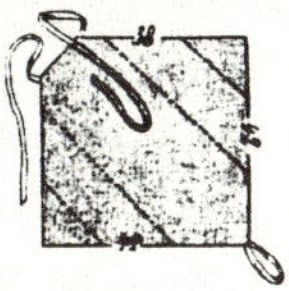

102a. Schnitt zur Binde. Abb. 102.

103a. Schnitt zur Einsteckbinde, Abb. 103.

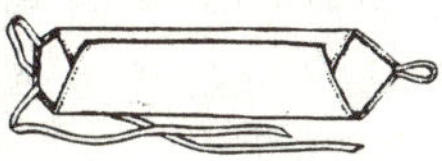

102. Einfache Binde. S. Abb. 102a.

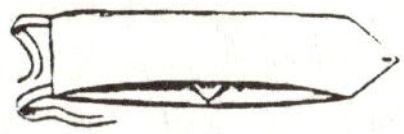

103. Einsteckbinde in doppelter Lage. S. Abb. 103a.

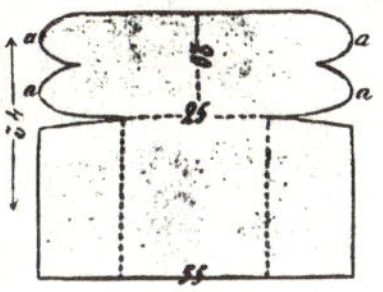

104a. Schnitt zu Abb. 104.

104. Binde am Gürtel zu tragen. S. Abb. 104a u. 104b.

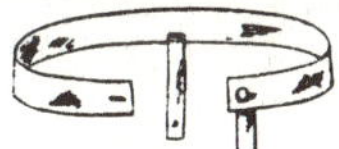

104b. Gürtel zur Binde, Abb. 104

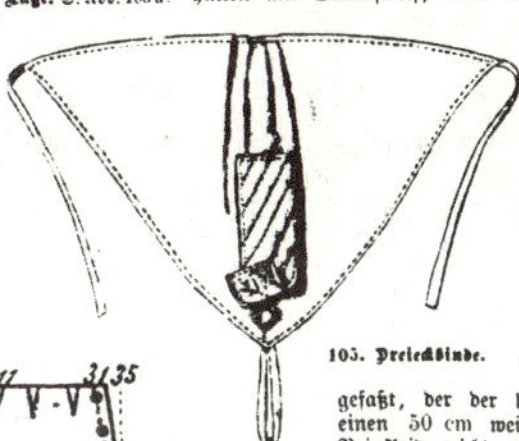

105. Dreieckbinde.

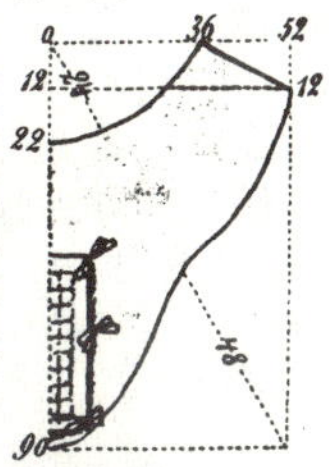

106a. Schnitt zur Binde (Hälfte) Abb. 106.

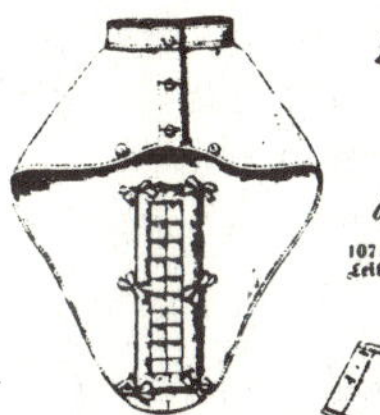

106. Binde mit Einlageteil. Siehe den Schnitt, Abb. 106a.

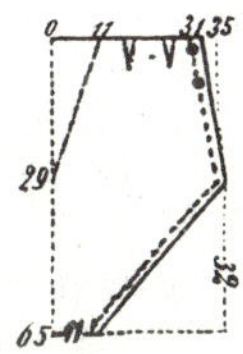

107a. Schnitt zum Hauptteil der Leibbinde. Abb. 107. (Hälfte.)

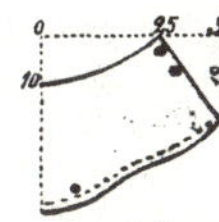

107b. Schnitt zur Passe der Leibbinde, Abb. 107. (Hälfte.)

Abnäher in hinterer Mitte, s. die punktierte Linie auf Abb. 107a, und zwei kleine Abnäher engen den Hauptteil nach Erfordernis ein, man faßt ihn mit schmalem Schrägstreif ein. Die Knopflöcher am Hauptteil greifen nach vorn über die Knöpfe an der Vorderpasse.

108 u. 108a. Sauberkeitsstreif für Reformbeinkleider.

Der nach Abb. 108a zuzuschneidende Schutzstreif aus kräftigem Madapolam wird an seinem breiten oberen Rande durch Abnäher und Falten auf 42 cm Breite gebracht und in einen 5 cm breiten Bund gesteppt. Dieser, gleich dem schmal auslaufenden vorderen Ende, erhält Knopflöcher zum Befestigen des Streifs in das Beinkleid.

109. Schutzbeinkleid, in Reformhose zu knöpfen.

Das kurze, ganz einfache Shirtingbeinkleid erhält seinen Seitenschlitz ziemlich weit nach hinten (8 cm hinter der mit „Mitte und Stoffbruch" bezeichneten Linie der Fig. 27, Schnitt VIII, Vorderseite des Schnittblattes III). Die Schlitzränder werden hinten mit Saumstreif, vorn mit breitem Untertritt versehen, der obere Rand der Vorderhälfte wird in einen 60 bis 80 cm weiten Bund gefaßt, der der hinteren in einen 50 cm weiten. Das Beinkleid reicht nur bis an die Passe, beziehungsweise an die hintere Klappe der Reformhose, hat sich daher in seiner Fasson und mit den Knopflöchern nach jener zu richten.

110 u. 111. Zwei Bettunterlagen.

Die erste besteht aus weichem, flausähnlichem weißen Stoff, Molleton, in doppelter Stofflage und ist ringsum mit Band eingefaßt. Da der Stoff 130 cm breit liegt, so gebraucht man nur 65 cm. Die zweite Unterlage, 50 80 cm groß, besteht aus einer Einlage von wattiertem und durchsteppten Leinen und einer gleich großen, mit Schlitz versehenen Schutzkappe aus dickem Stoff. Die Schlitzenden sichert man mit beschürztem Riegel.

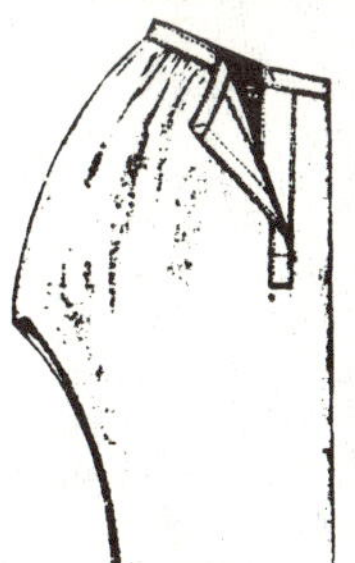

109. Schutzbeinkleid, in Reformhose zu knöpfen.

108a. Schnitt (Hälfte) zum Sauberkeitsstreif, Abb. 108.

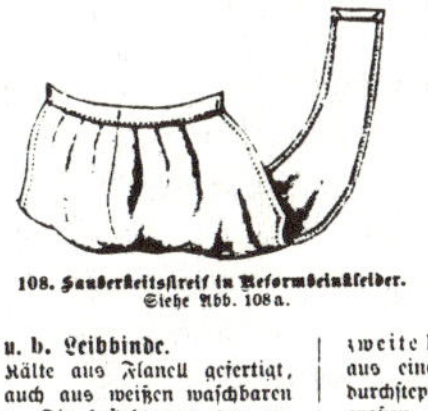

108. Sauberkeitsstreif in Reformbeinkleider. Siehe Abb. 108a.

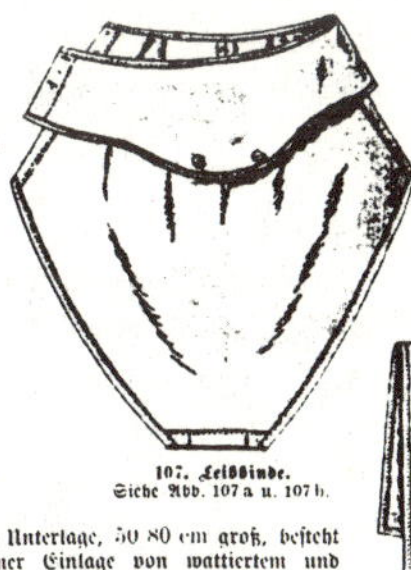

107. Leibbinde. Siehe Abb. 107a u. 107b.

107, 107a u. b. Leibbinde.

Als Schutz gegen Kälte aus Flanell gefertigt, kann diese Binde aber auch aus weißen waschbaren Stoffen gemacht werden. Sie besteht aus der geschweiften, vorn 22 cm langen Vorderpasse mit Seitenschluß und dem Hauptteil, Abb. 107a. Ein breiter

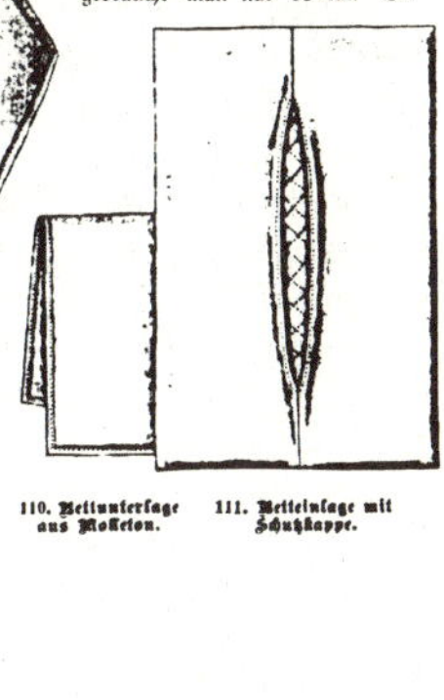

110. Bettunterlage aus Molleton. **111. Betteinlage mit Schutzkappe.**

Hierfür gibt es die unterschiedlichsten Begründungen:

Einmal gilt es, den Penis vor dem Menstruationsblut zu schützen (Kastrationsangst). In der Menstruationssymbolik der Literatur spiegelt sich diese Angst wieder: „Es gibt bei allen Völkern der Erde die ausgeprägte Angst, Hexen und menstruierende Frauen seien die Archetypen der kastrierenden Frau.“[115]

Andere (offizielle) Erklärungen für das Sexualtabu reichen von Heiligkeit (Vergehen gegen Gott) bis Hygiene (die Gesundheit des Mannes, der Frau oder des ungeborenen Kindes ist gefährdet).[116]

Auch die Bibel äußert sich zum Geschlechtsverkehr mit einer menstruierenden Frau im Sinne des Sexualtabus:

> Wenn jemand ihr beiwohnt und von ihrer Unreinheit etwas an ihn kommt, ist er sieben Tage lang unrein, und jedes Lager, auf dem er liegt, wird unrein.[117]

Bei den beiden oben beschriebenen Tabus[118] handelt es sich um Handlungstabus. Das Ausschlußtabu kann allerdings auch im Sinne eines Sprachtabus gesehen werden, wenn man berücksichtigt, daß das Thema Menstruation genauso wie auch das Wort selbst nicht aus- oder angesprochen werden darf und somit aus dem öffentlichen Leben ausgeschlossen ist.

Da die genauen Geschehnisse der Menstruation erst zu Anfang[119] dieses Jahrhunderts geklärt wurden, gab es immer wieder die unterschiedlichsten Vorstellungen hierzu.

Eine interessante Theorie ist so z.B. die von der *Giftigkeit* des Menstruationsblutes. Diese Theorie kommt dem Ausschlußtabu und dem Sexualtabu sehr nahe, da Menschen sich vor giftigen Dingen schützen wollen. Der Unterschied liegt bei dieser Theorie allein in der Tatsache, daß hier keine unheimlichen und magischen Phänomene beschrieben werden, sondern es sich um eine wissenschaftlich untersuchte und bestätigte Theorie handeln soll.[120]

[115] Courage 1979, 50. Wobei die Formulierung „bei allen Völkern der Erde“ zu weit gegriffen ist, s. Kap. 1.2 (Teil II).

[116] Courage 1979, 8 ff.

[117] 3. Buch Mose, Kap. 15, 24.

[118] Das Ausschluß- und das Sexualtabu kann von den Frauen auch als Gegenmacht benutzt werden. In der Bibel gibt es eine Textstelle, die zeigt, daß die Frauen durch die oben beschriebenen Anschauungen eine Art Unantastbarkeit bekamen: Bei der Flucht Jakobs und seiner Frau vor Laban hatte Rahel dessen Hausgott gestohlen. Als Laban sie einholte und nach seinem Gott suchte, verbarg sie ihn unter einem Kamelsattel und setzte sich darauf: „Da sprach sie zu ihrem Vater: Mein Herr, zürne nicht, denn ich kann nicht aufstehen vor dir, denn es geht mir nach der Frauen Weise. Daher fand er den Hausgott nicht, wie sehr er auch suchte.“ (1. Buch Mose, Kap. 31, 35.)

[119] So wurde erst 1908 eine noch heute gültige Theorie zu Verlauf und Entstehen der Menstruation von Hitschmann und Adler aufgestellt. (Hering; Maierhof 1991, 52.) Siehe Zeittafel im Anhang.

[120] Jahrhundertelang war die Menstruation Thema der Ärzte und der alten Gelehrten aus Griechenland (also als ein Thema von ExpertInnen). Diese Tatsache kann als Indiz für die Existenz des Tabus um die Menstruation gesehen werden. Siehe zu ExpertInnen Kap. 4.2 *Macht* (Teil I).

Diese Vorstellung hat ihren Ursprung im antiken Griechenland: So ist der Philosoph Plinius (1. Jahrhundert n. Chr.) der Meinung, daß „das Blut [...] nicht nur unrein, sondern sogar giftig ist".[121] Zu den negativen Effekten, die eine menstruierende Frau auslösen kann, zählt: das Versauern von Wein, Verdorren von Früchten, Waffen und Messer werden stumpf u.a.m.[122] Zu den positiven Wirkungen zählt Plinius die Heilkraft bei einigen Krankheiten, Einfluß auf Gewitter und Sturm und Vernichtung von Ungeziefer, wenn menstruierende Frauen das Feld umschreiten.[123]

Im Mittelalter[124] wurde der Giftcharakter des Menstrualblutes weiter verstärkt. Für Paracelsus (1493-1541), einem bedeutenden Arzt, der sich darauf berief, sein Wissen von den weisen Frauen zu haben, ist das Menstruationsblut Unflat, „dem kein Gift auf Erden gleichen mag, schedlicher und strenger"[125]. Dies war auch die Epoche der Hexenverfolgungen und die Zeit, in der die weisen Frauen aus dem gynäkologischen Bereich der Heilberufe verdrängt wurden. Jetzt gewinnt der „böse Blick", der den Menstruierenden bereits im frühen Mittelalter nachgesagt wurde, wieder an Bedeutung. Bei der Erkennung des Hexenwesens werden ähnliche Phänomene wie bei dem »normalen« Menstruationsvorgang geltend gemacht: „Die Vernichtung der Ernte, Erkrankung des Viehs und die Erzeugung menschlicher Krankheiten werden Frauen, deren Lebensweise als undurchsichtig erscheinen, zur Last gelegt, [...]"[126]

Mit Beginn der Medizin beschäftigten sich die Ärzte mit dem Thema der Menstruation. So existiert seit dem 18. Jahrhundert eine „Fülle von Schriften und Traktaten über das »Wesen der monatlichen Reinigung«, und deren »Unregelmäßigkeiten« und die »nothwendigen Behandlungsweisen«.[127] Als monatliche

121 Hering; Maierhof 1991, 15.

122 Die von Plinius beschriebenen Vorstellungen zur Menstruation könnten für die damaligen Frauen von Vorteil gewesen sein. Vielleicht war es ihnen möglich, durch die Angst der Männer vor der Menstruation in gewisser Weise eine Gegenmacht auszuüben? Hierüber ließen sich allerdings nur Spekulationen anstellen. In der altrömischen Gesellschaft hatten die männlichen Familienoberhäupter eine sehr weitgehende Verfügungsmacht über die Körper ihrer Frauen und Töchter. Die Rechte des Hausherrn reichten von körperlicher Züchtigung bis zu Verkauf und Tötung. (Schlehe 1987, 15.)

123 Schlehe 1987, 14-15.

124 Erst im Laufe der Epoche wurde der Status der mittelalterlichen Frau von zunehmender gesellschafltlicher Abwertung, Benachteiligung und Verdrängung geprägt. Zunächst war die soziale Stellung der Geschlechter zwar nicht gleich, aber auch nicht von einer Hierarchie oder Polarisierung geprägt. Frauen gehörten zum öffentlichen Bereich der Gesellschaft, denn sie taten gesellschaftlich gleiche und gleichwertige Arbeit, sie waren erbberechtigt und lehensfähig, übten Einfluß auf die Gestaltung des kulturellen Lebens aus und sie hatten gewisse sexuelle Freiheiten hinsichtlich außerehelicher Beziehungen. (Schlehe 1987, 15.)

125 zit. n.: Schlehe 1987, 18.

126 Hering; Maierhof 1991, 17.

127 Hering; Maierhof 1991, 18.

128 Hering; Maierhof 1991, 19.

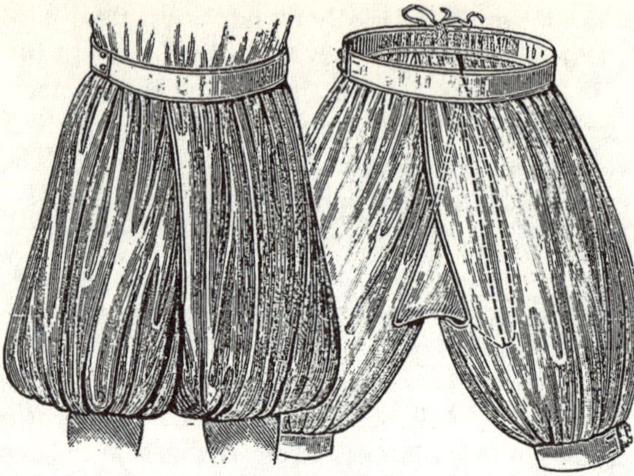

Hygienische Frauenhosen

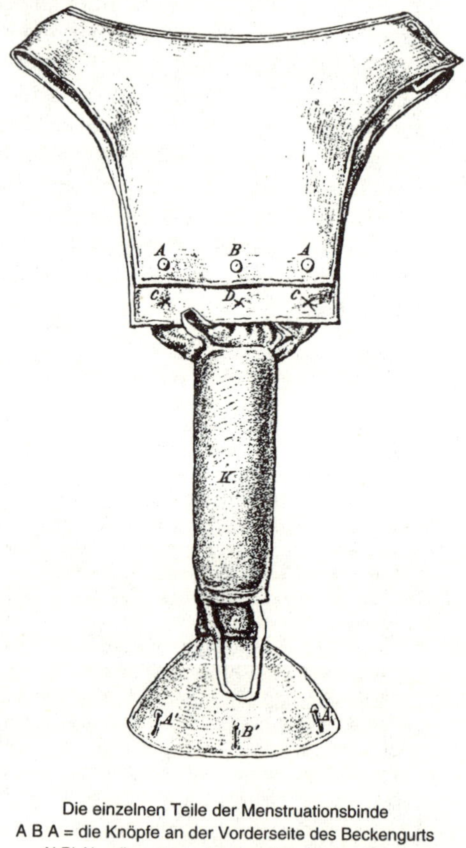

Die einzelnen Teile der Menstruationsbinde
A B A = die Knöpfe an der Vorderseite des Beckengurts
A' B' A' = die entsprechenden Knopflöcher hierzu
C D C = desgl. an der Hinterseite
K = Kissen mit Holzwollwatte
G = Gummiüberzug des Mittelstücks

Reinigung begriffen gilt das Menstruationsblut auch in dieser Zeit als giftig.[128]

Außerdem beschäftigt die Experten die Frage, ob die Menstruation ein natürlicher Vorgang ist oder ob es sich vielmehr um eine Krankheit[129] handelt. So wurde zu wenig Blut und zuviel Blut gleichermaßen als Krankheit gesehen und mit allen möglichen Mittelchen bekämpft.[130]

1920 greift Professor Schick (Wien) die Vorstellung von der Giftigkeit wieder auf und führt hierzu wissenschaftliche Untersuchungen durch:

> Einer menstruierten Versuchsperson gibt er eine frischgeschnittene Anemone, eine weiße Chrysanteme und eine gelbe Helianthus-Blume in die Hand. Innerhalb weniger Minuten lassen diese die Köpfe hängen, nach 24 Stunden sind sie vollends hinüber.[131]

Ähnliche Versuche mit Hefeteig folgten. „Schick führte diese Phänomene auf die Existenz eines Menstruationsgiftes (Menotoxin) zurück und hält nach weiteren Versuchsreihen die Sache für absolut bewiesen. Zudem sieht er seine Theorie im Volksglauben und in den Mythen um die giftige Ausscheidung der Menstruierenden bestätigt."[132]

Erst 1958 gelingt dem Arzt Burger der wissenschaftliche Nachweis, daß es kein Menstruationsgift gibt. Trotzdem haben sich einige Mythen halten können.[133] Und die Vorstellungen von der Giftigkeit und der Menstruation als Reinigungsprozeß gelten bis weit ins 20. Jahrhundert hinein:

> Selbst im Jahre 1991 kommt es noch vor, daß sich bei Hausschlachtungen der Metzger erkundigt, ob denn die Hausherrin menstruiert – sonst könnte es passieren, daß die Wurst nichts wird oder das Fleisch verdirbt.[134]

In den 20er Jahren dieses Jahrhunderts befassen sich zwei Frauen, Karen Horney und Helene Deutsch, mit dem Thema. Mit Hilfe der von Freud entwickelten

129 Die Frage nach der Notwendigkeit der Menstruation ist für einige ExpertInnen noch in den 80er Jahren unseres Jh.s von Interesse. So zitiert Schlehe u.a. den Gynäkologen Fritz Beller (in: Die Zeit, 1985): „Ich halte Bestrebungen, die Menstruation (Blutung) total zu verhindern, für sinnvoll, weil ich glaube, daß die monatliche Regelblutung einer der wenigen Irrtümer der Natur ist." Seiner Ansicht nach könnte die Stärke der Blutung als „Zivilisationsfolge" gesehen werden, und weiter meint er: „Immerhin scheint die Sache bei sogenannten Naturvölkern in einer halben Stunde mit einigen Tropfen erledigt." – Wie er zu dieser Behauptung kommt, verrät er nicht. (Schlehe 1987, 97.)

130 Hering; Maierhof 1991, 19.

131 Hering; Maierhof 1991, 75.

132 Hering; Maierhof 1991, 75.

133 Hering; Maierhof 1991, 76.

134 Hering; Maierhof 1991, 76.
Zu diesem Phänomen kann ich aus meinem Bekanntenkreis berichten: Eine Bekannte, die ein Lehre als Fleischereifachverkäuferin machte, erzählte mir, daß den Frauen ans Herz gelegt wurde, während der Menstruation kein Hackfleisch oder frische Wurst zuzubereiten, da diese sonst schneller verdürben. Da meine Bekannte ungern diese Arbeiten verrichtete, hatte sie sehr oft ihre Menstruation.

ve der Frau.[135] Sie kommen zu anderen Deutungen als Freud und kritisieren seine Theorien[136].

Das Interesse der ÄrztInnen an dem Phänomen Menstruation läßt mit der sexuellen Aufklärung und der sog. sexuellen Revolution in der Mitte der 60er Jahre immer mehr nach.

1.2 Das Menstruationstabu als Tabu 'der anderen'

In *Kap. 2.2. Benennung und Erkennung von Tabus (Teil I)* wurde gezeigt, daß Tabus von 'außen' betrachtet werden und mit einer Herabsetzung der betrachteten Gruppe verbunden sind. Bei der Betrachtung, Erklärung und Beurteilung von Menstruationstabus in anderen Ländern[137] kommt ein weiteres Kriterium hinzu: Die Außensicht der ForscherInnen ist geprägt von den eigenen Tabus, die nicht als solche erkannt werden (verschleierte Innensicht), und den eigenen Ängsten.[138] Beides, die eigenen Tabus und die Ängste, werden in der Forschung nicht reflektiert.

Die ForscherInnen haben eine spezifisch europäische Vorstellung zur Menstruation. Diese Vorstellung ist zum einen im naturwissenschaftlich-medizinischen und philosophischen, zum anderen im religiösen Bereich[139] begründet und ist geprägt vom Ausschluß- und Sexualtabu. Diese beiden Tabus wiederum beruhen auf der Vorstellung von der *Unreinheit* der menstruierenden Frau, der *Giftigkeit* des Menstrualblutes und der *Gefahr,* die für Männer besteht.

Diese europäische Sicht der Menstruation spielt in die Interpretationen von Menstruations- und Menarcheriten bzw. Umgangsweisen anderer Länder hinein. So schreibt Schlehe:

> [...] nicht nur die individuelle Angst einzelner Forscher gilt es methodisch zu berücksichtigen, sondern auch ihre Eingebundenheit in spezifische wissenschaftliche Denk-

135 Hering; Maierhof 1991, 84.

136 Z. B. führt Karen Horney den Neid der Frauen auf die Männer nicht allein auf die Freudsche Theorie vom »Penisneid« zurück, sondern auf die Vormachtstellung und Vorteile im allgemeinen, die die Männer aufgrund ihres Geschlechts haben. (Hering; Maierhof 1991, 84.)

137 Die alleinige Untersuchung von Menstruationsriten in außereuropäischen Gesellschaften (siehe Schlehe 1987, 85.) konstituiert sie als eine Untersuchung der Tabus 'der anderen'. Siehe Kap. 2.2 (Teil I).

138 In seiner Untersuchung „Angst und Methode in den Verhaltenswissenschaften" (1967) macht Devereuxs darauf aufmerksam, „daß die Untersuchung fremder Kulturen die Anthropologen oft dazu zwingt, Material zu beobachten, das sie selbst verdrängen. Insbesondere dann, wenn das beobachtete Material Angst erregt, entstehen verzerrte Wahrnehmungen und Abwehrstrategien in Form bestimmter methodischer Positionen." Vgl. Devereux, George: Angst und Methode in den Verhaltenswissenschaften. München 1973 – Franz. Orig.ausg. 1967, 67; zit. n.: Schlehe 1987, 48.

139 Vgl. Schlehe: „Eine Wurzel liegt in der Antike, bei griechischen und römischen Naturkundlern, die andere im Alten Testament." (Schlehe 1987, 9.) Siehe auch Kap. 1.1 (Teil II).

traditionen und ihre durch Ideologien der eigenen Gesellschaft geprägten Vorurteile. Und auch hier spielt nicht nur das offizielle Weltbild eine Rolle, sondern mindestens ebenso das in der eigenen Gesellschaft aus ganz bestimmten Gründen Verdrängte, das kollektive Unbewußte.[140]

In den nichteuropäischen Ländern gibt es aber die verschiedensten Vorstellungen zur Menstruation, und zwar positive[141], neutrale[142] und negative.[143] Diese Bandbreite an Vorstellungen und Umgehensweisen mit Menstruation wird von den ForscherInnen entweder nicht gesehen, oder das Gesehene wird mit dem europäisch geprägten Blick auf eine Weise interpretiert, daß es in die eigene Vorstellung von der Welt hineinpaßt.

Neben der mangelnden Reflexion über die eigenen emotionalen, mit europäischen Wertmaßstäben gespickten Vorstellungen zu Menstruation kritisiert Schlehe auch das *methodische* Vorgehen der ForscherInnen:

In der überwiegenden Mehrzahl wird die ethnologische Feldforschung von Männern betrieben, die wiederum hauptsächlich männliche Informanten befragen. Hinter diesem Vorgehen steht die Annahme, „daß nur Männer als Kulturschaffende und -träger diejenigen seien, welche den Ethnologen interessante Informationen zu vermitteln hätten.“[144] Durch diese einseitige Befragung werden Ideologien und Verhaltensnormen in Erfahrung gebracht, die von der gelebten Wirklichkeit, vom tatsächlichen, alltäglichen Verhalten der gesamten Gruppe weit abweichen können. Über die Perspektive, das Selbstverständnis und Erleben der Frauen, über ihren Anteil an der jeweiligen Kultur können die ForscherInnen nichts erfahren.[145]

140 Schlehe 1987, 48.

141 Die Bewertung und Bedeutung weiblicher Fruchtbarkeit, welche durch die Menstruation angezeigt und symbolisch repräsentiert wird, ist in verschiedenen Gesellschaften unterschiedlich. „Wo *Lebensbedingungen, Zeitbegriff* und *Weltbild* auf Fruchtbarkeit von Pflanzen und Tieren, auf zyklische Erneuerung der Jahreszeiten und auf (spirituellen) Fortbestand durch Nachkommen ausgerichtet sind, ist die Menstruation nicht nur biologisches Zeichen individueller weiblicher Reproduktionsfähigkeit, sondern kann auch Metapher (menschlicher) *Fruchtbarkeit* und der kosmischen Kreativität sein. Insbesondere dem menstruellen Charakteristikum von periodischer Erneuerung kommt in solchen Zusammenhängen religiös-rituelle Bedeutung zu. [...]“ (Schlehe 1987, 219-220.)

142 Z.B. die Rungus in Borneo (Sabah) „[E]ine der wenigen Gesellschaften, in denen die Menstruation nicht beachtet und nicht von Riten und Tabus umgeben wird. Die Frauen wenden keinerlei spezielle Hygiene-Methode an. In dieser Gesellschaft herrscht [...] vollkommene soziale Symmetrie zwischen den Geschlechtern.“ (Schlehe 1987, 90.) Auch die „Bedeutung, die der Menarche zugewiesen wird, variiert: in manchen Gesellschaften wird sie kaum öffentlich beachtet, in anderen ist sie der Anlaß für ausgedehnte Feierlichkeiten.“ (Schlehe 1987, 64.)

143 Z. B. gilt bei den Balinesen die Menstruation als rituell verunreinigend, und deshalb dürfen menstruierende Frauen keine Tempel oder Gartenheiligtümer betreten und an Festen und Tänzen nicht teilnehmen. Bei den Manus (Admiralitätsinseln) gilt „die Menstruation für dermaßen beschämend, daß sie völlig versteckt werden muß.“ (Schlehe 1987, 208-209.)

144 Schlehe 1987, 44.

145 Schlehe 1987, 45.

Außerdem gibt es für männliche und weibliche EthnologInnen unterschiedliche Feldforschungssituationen[146]. Dies wird in der Literatur kaum erwähnt, obgleich es männlichen Feldforschern bestimmt nicht immer leicht fällt, mit Frauen über Menstruation oder Menstruationstabus zu reden, und ihnen eine 'teilnehmende Beobachtung' wohl weitgehend verwehrt bleiben dürfte.[147]

Als Überblick zu den Untersuchungen über die Menstruationstabus 'der anderen', werden diese nun in einem kurzen historischen Abriß dargestellt. Schlehe zeigt, wie sich die ethnologische Beschreibung fremder Umgehensweisen mit der Menstruation entsprechend dem Wandel des Welt- und Frauenbildes der eigenen Gesellschaft und gemäß den verschiedenen wissenschaftlichen Trends veränderte:[148]

Um die Jahrhundertwende griffen die Verfasser hauptsächlich Mitteilungen von europäischen Reisenden, Missionaren, Kolonialbeamten und Kaufleuten auf. Frauen wurden als passive Opfer der verschiedenen Stadien der sozialen Entwicklung der zu beschreibenden Gesellschaft gesehen. Die Evolution gipfelt in der eigenen Gesellschaft, „innerhalb derer Frauen als Empfängerinnen der Wohltaten und des Schutzes einer überlegenen Zivilisation betrachtet wurden." Insbesondere hervorgehoben wird bei diesen Sammlungen von Menstruationsriten und -tabus sogenannter Naturvölker oder Primitiven die *Abscheu und Furcht des Mannes* vor dem Menstrualblut sowie die Vorstellung von der *Unreinheit menstruierender Frauen* und deren *Absonderung.* Hier wird deutlich in welcher Beziehung diese Beschreibungen zur europäischen Gesellschaft stehen: „nicht die Umgehensweise mit der Menstruation in verschiedenen Kulturen war von Interesse, sondern das Aufspüren vertrauter Motive („Frauen sind bestimmt durch die Vorgänge ihres Körpers", „pathologischer Charakter der Menstruation", „Unreinheit des weiblichen Blutes" usw.) sowie das Ausmalen von deren Negativ-Bildern (Grausamkeit der Riten, Aberglauben, Obszönität usw.)."[149]

So liegt z.B. bei der Beschreibung der Menarche der Schwerpunkt auf den *Ausschluß* der Mädchen für mehr oder weniger lange Zeit, oft in speziellen Räumen oder Hütten. „Es heißt, daß sie 'gleichsam ausgestoßen wird aus der menschlichen Gesellschaft', in der sie wegen ihres mysteriösen Blutes Furcht und Schrecken auslöst. [A]usführlich kommt zur Sprache, was die Mädchen nicht tun, nicht berühren und nicht essen dürfen und welche Gefahren bei der Übertretung solcher Verbote ihnen selbst, den Männern der Gruppe oder den jeweils wichtigen Pflanzen, Tieren oder Gegenständen drohen. Mit Nachdruck wird auf die barbarische Grausamkeit von langem Einschließen, quälenden Ver-

[146] Männliche FeldforscherInnen haben, im Gegensatz zu Forscherinnen, oft nicht die Möglichkeit, mit Frauen ohne Beisein von deren Männern zu sprechen. Außerdem sprechen Männer eher die Verkehrssprachen und den „dominanten Code" der Europäer als Frauen, so daß eine weitere Barriere für die ForscherInnen besteht. (Schlehe 1987, 45.)

[147] Schlehe 1987, 44.

[148] Schlehe 1987, 58.

[149] Schlehe 1987, 58-59.

boten und besonders von Prüfungen, 'Martern und Peinigungen'[150] hingewiesen, denen die pubertierenden Mädchen unterworfen sind. [...] Außerdem finden besondere Trachten oder Bemalungen sowie die rituellen Reinigungen gegen Ende der Absonderungszeit Erwähnung."[151]

Die in sämtlichen frühen ethnographischen Darstellungen der Praktiken und Vorstellungen zur Menstruation übereinstimmend in den Vordergrund gestellte 'Unreinheit' der Frau und die verderbenbringende 'Verunreinigung' ihrer Umgebung[152] sollen *universell* für alle Teile der Welt[153] gelten. Um diese postulierte Universalität und formale Übereinstimmung der Tabus zu illustrieren, werden Instruktionen und Restriktionen für Menstruierende aller Erdteile aufgezählt.[154]

Im 20. Jahrhundert verringert sich das ethnologische Interesse an universalgeschichtlichen Studien. Sie werden von konkreten Feldforschungen abgelöst. Gleichzeitig läßt das Interesse am Thema Frau nach. „Wenn [...] die Regelungen um die Menstruation dargestellt wurden, dann meist nur im Rahmen interkultureller Skalenanalysen, d.h. sie wurden extrem reduziert und von jedem sozialen Kontext isoliert, um tabellarisch erfaßbar und vergleichbar zu werden.[155] Und das, obwohl bereits in den 30er Jahren Feldforscherinnen (Margaret Mead, Phyllis Kaberry) die Bedeutung, die der jeweilige gesellschaftliche Kontext für das Erleben von Menstruationstabus hat, betonten.[156]

Erst seit den 60er Jahren entstehen – inspiriert durch die Frauenbewegung – eine größere Zahl von ethnographischen Studien, die „die aktive, soziale und ökonomische Rolle der Frauen, ihr Selbstverständnis und das soziale Verhältnis von Mann und Frau sowie die symbolische Konzeptualisierung der Geschlechter innerhalb konkreter Gesellschaften thematisieren."[157]

Dennoch finden sich die eurozentristischen Vorstellungen und Interpretationen der frühen ethnologischen Werke noch in heutigen Veröffentlichungen[158].

Dies möchte ich an zwei Beispielen zeigen: Bei der Beschreibung des Ausschlußtabus werden sowohl von *Hering und Maierhof* als auch in dem Sonder-

150 Hierzu gehören: Tätowierungen, Zahnfeilen, -ausschlagen oder -schwärzen, das Zufügen von Wunden und die Beschneidung der Geschlechtsteile. (Schlehe 1987, 60-61.)

151 Schlehe 1987, 60-61.

152 Schlehe 1987, 65-66.

153 Bereits 1913 zählte Miriam van Waters eine Reihe unterschiedlichster Gesellschaften auf, von denen berichtet wurde, daß sie die Menstruation *nicht* als unrein und mysteriös betrachten oder von speziellen Regeln umgeben. Vgl. van Water, The Adolescent Girl among primitive Peoples. In: Journal of Religious Psychology 6 (4)/1913, 375-421; zit. n.: Schlehe 1987, 72.

154 Schlehe 1987, 66.

155 Schlehe 1987, 59-60.

156 Schlehe 1987, 71.

157 Schlehe 1987, 60.

158 Schlehe nennt als Beispiel Klaus Müller, der in seinem Buch „Die bessere und die schlechtere Hälfte – Ethnologie des Geschlechtskonflikts" (1984) zwar aktuellere Stammesmonographien als Quellen verwendet, doch daraus – für seine weltumgreifende Darstellung von Menstruationstabus – wieder nur diejenigen Aspekte sieht, „die das einseitig negative Bild der einheitlichen, universalen Unreinheit untermauern." (Schlehe 1987, 73.)

heft *Courage* Menstruationsriten anderer Gesellschaften beschrieben und in eurozentristischer Weise *nur* als Ausschlußtabu bewertet.

Folgende Beschreibung ist in Courage zu lesen:

> In vielen primitiven Gesellschaften war eine menstruierende Frau jeden Monat vier oder fünf Tage lang vom Alltagsleben des Stammes ausgeschlossen. Sie durfte nichts anpflanzen, nicht ernten oder kochen und auch nicht mit ihrem Mann zusammen sein. Sie durfte nicht einmal nach Belieben im Dorf herumlaufen, sondern mußte sich in einer Menstruationshütte aufhalten: in einer engen Behausung aus Rinde und Blättern, die etwas vom Dorf entfernt lag. Dort mußte sich die menstruierende Frau, je nach Kulturkreis, Reinigungsritualen unterziehen, oder sie konnte einfach das Alleinsein genießen.[159]

Ganz abgesehen davon, daß die Verwendung von „primitiv" problematisch ist, legen die Autorinnen hier den Schwerpunkt darauf, daß der Aufenthalt in einer Menstruationshütte für die Frau unerfreulich ist, auch wenn diese „einfach das Alleinsein genießen [konnte]", und daß die Frau von der *Gesellschaft getrennt* und zum 'Nichtstun' verdammt ist.

Die Reinigungsrituale sind ihrer Ansicht nach zwar „je nach Kulturkreis unterschiedlich", aber die Vorstellung von der Unreinheit wird als *universell* existent vorausgesetzt, wobei nichts über die Vorstellung von Unreinheit der einzelnen „primitiven Gesellschaften", von denen hier die Rede ist, beschrieben wird.

Hering und Maierhof schreiben zum Stichwort 'Ausschluß':

> Wir mögen darüber lächeln, wenn wir die Abbildungen von kaukasischen oder indianischen Frauen sehen, die während ihrer Periode in Menstruationshütten verbannt sind, weil die Männer fürchten, durch ihren Anblick krank, blind oder gar impotent zu werden. [...] In den »zivilisierten« Kulturkreisen gibt es zwar keine Masken und keine Menstruationshütten mehr, wohl aber die weibliche Leidensmiene und den Satz »Die Frau gehört ins Haus!«[160]

Auch hier werden die Riten negativ interpretiert. Die Frauen werden als Opfer eines völlig unverständlichen Umgangs mit der Menstruation gesehen.

Die Frauen sind auch in diesem Fall von der Gesellschaft ausgeschlossen, denn sie werden „in Menstruationshütten verbannt". Die Autorinnen beschreiben die Furcht der Männer und stellen sie als irrational dar.

Außerdem werden nicht nur die kaukasischen und die indianischen Sitten unter dem Aspekt 'Menstruationshütte' verglichen (ohne im Einzelnen auf die Umstände – ist die Frau alleine in der Hütte oder mit anderen Frauen zusammen, womit beschäftigt sich die Frau in der Zeit usw. – eingegangen wird), sondern diese schon verschiedenen Kulturkreise werden mit unserem »zivilisierten« Kulturkreis in Beziehung gesetzt. Auch erfährt die LeserIn nicht, in welcher Zeit

[159] Courage 1979, 5.
[160] Hering; Maierhof 1991, 16.

die Sitte mit den Menstruationshütten ausgeführt wird oder ob dieser Brauch noch aktuell ist.

An diesen beiden Beispielen können die oben beschriebenen europäisch geprägten Vorstellungen von der universellen Unreinheit der menstruierenden Frau, der Furcht des Mannes und der 'barbarischen' Sitte des Ausschlusses der Frauen gut wiedererkannt werden.

Diese Interpretation fremder Menstruations-Riten stellen nicht nur den europäischen Blick in den Mittelpunkt, sondern auch einen androzentristischen. Denn ein *Ausschluß* von Frauen bedeutet nicht nur, daß die Frauen keinen Kontakt zu den Männern haben, sondern auch, daß die Männer keinen Kontakt zu den Frauen haben.

Die übliche Betrachtungsweise zu den Ausschlußtabus ist aber, wie Schlehe feststellt, folgende:

> [I]st menstruierenden Frauen Kontakt zu männlichen Gegenständen und Bereichen untersagt, so gelten sie als isoliert, eingeschränkt und unterdrückt; ist aber Männern Kontakt zu weiblichen Bereichen verboten, dann gelten keineswegs die Männer, sondern wiederum die Frauen als die Ausgeschlossenen und Minderbewerteten.[161]

Die Einschränkungen, die andere Personen in ihrem Verhalten erleiden, gerade indem diese den weiblichen Bereich meiden müssen, werden nicht gesehen. Aber natürlich sind auch die Ehemänner hierdurch Restriktionen unterworfen: „[S]ie dürfen oftmals bestimmte Räume, Häuser oder Wege nicht betreten oder Geschlechtsverkehr, die Berührung ihrer Frau und ihr gehöriger Gegenstände ist ihnen verboten oder sie dürfen von ihr bereitete Speisen nicht essen. Vor allem sind Männer generell von Menstruationsriten ausgeschlossen.“[162]

In manchen Gesellschaften gibt es über die gegenseitigen Kontaktverbote zwischen Männern und Frauen hinaus weitere, spezifische Einschränkungen für die Ehemänner[163] menstruierender Frauen. „Solche Regeln [...] finden in der ethnologischen Literatur [...] kaum jemals Erwähnung.“[164]

So berichtet Mead z.B. von den Arapesh, „daß ein Mann, dessen Frau sich in der Menstruationshütte aufhält, für sich selbst und für die Kinder zu sorgen hat und daß auch er in dieser Zeit seinen Yamsgarten, von dem die Frau ausgeschlossen ist, nicht betreten darf.“[165] Oder Mary Douglas berichtet von den Hadza (Tansania), daß hier die gesamte Gesellschaft als gefährdet gelte, „wenn der Ehemann einer menstruierenden Frau seinen üblichen Beschäftigungen

[161] Schlehe 1987, 207-208.

[162] Schlehe 1987, 207-208.

[163] Wobei Schlehe kritisiert, daß das allgemeine Verständnis der Beziehungen zwischen den Geschlechtern allein auf der Analyse der Interaktion zwischen Ehegatten basiert. 'Frau' ist aber nicht nur Ehefrau, sondern auch Schwester, Mutter, Tochter, deren jeweiliges Verhältnis zu Männern unterschiedlich ist. (Schlehe 1987, 214.)

[164] Schlehe 1987, 208.

[165] Schlehe 1987, 209.

nachginge. Es ist ihm untersagt, einen vergifteten Pfeil oder ein Bienennest zu berühren. Sowohl die menstruierende Frau als auch ihr Mann trennen sich partiell von ihren Geschlechtsgenossen, da sie an den alltäglichen Aktivitäten nicht teilnehmen."[166]

Und bei der Isolation einer menstruierenden Frau ist es nicht unbedingt so, daß sie diese Zeit quasi in Einzelhaft und abgeschlossen von der ganzen Gesellschaft verbringen muß. In den meisten Fällen sind die Mädchen nicht isoliert oder „ausgestoßen", sondern sie verbringen ihre Tage gemeinsam mit anderen Frauen – Verwandten, Nachbarinnen, Freundinnen – mit Personen also, die ja auch zur Gesellschaft zählen.[167] Wenn hier gesagt wird, die Frauen sind von der Gesellschaft ausgeschlossen, so ist dies eine androzentristische Sicht, die mit „Gesellschaft" eigentlich „Männer" meint[168].

Auch die Annahme einer alleinigen *Unreinheit* der Frau, die den Mann beschmutzt, kann so nicht akzeptiert werden.

In einigen Gesellschaften gibt es z. B. die Vorstellung, daß *beide* „Geschlechter durch Geschlechtsverkehr verunreinigt werden. Frauen erfahren eine regelmäßige Reinigung durch die Menstruation, Männer müssen dies künstlich[169] nachvollziehen."[170] Genauso variieren die Vorstellungen zu *Unreinheit* in den verschiedenen Gesellschaften und unterscheiden sich von den Vorstellungen, die es hierzu in Europa gibt.[171]

Zur Bekräftigung *dieser universalen Unreinheitsvorstellung,* erwähnen die AutorInnen in der Ethnologie die Schriften der sogenannten Hochreligionen, die *auch* von der Unreinheit der menstruierenden Frau ausgehen. Dies ist besonders interessant, da die Vorstellung der ForscherInnen über die Menstruation gerade *durch* diese 'Hochreligionen' geprägt ist. Außer den alttestamentarischen Regeln des Moses als Grundlage der jüdisch-christlichen Religionen werden auch Vorschriften für Hindus, Parsen und Muslime aufgezählt[172]

Außerdem sind es nicht universal Frauen, die als verunreinigend eingeordnet werden, und Männer gelten nicht als die einzigen Opfer der Verunreinigung. Auch die männliche Sexualität wird von Tabus umgeben. Diese Tabus sowie die gefährliche und mächtige Wirkung des Samens[173] oder Vorstellungen von

166 Schlehe 1987, 210.

167 Schlehe 1987, 63.

168 Vgl. hierzu auch: Pusch, Luise F.: Das Deutsche als Männersprache. Frankfurt am Main: Suhrkamp Verlag 1984.

169 Bei dieser künstlichen Menstruation (auch Subinzisionsriten genannt – in der im folgenden beschriebenen Form am extremsten in Australien und Melanesien ausgeführt) wird die Harnröhre (die Unterseite des Penis) ganz oder teilweise angeritzt bzw. aufgeschnitten. (Schlehe 1987, 152.)

170 Schlehe 1987, 211.

171 Schlehe 1987, 216.

172 Schlehe 1987, 67.

173 So dürfen z. B. bei den Kafé (Papua Neuguinea) „nach dem Geschlechtsverkehr weder Männer noch Frauen kochen, damit kein Samen in die Nahrung gelangt. Andernfalls würde dieselbe Krankheit verursacht wie durch die Einnahme von Menstrualblut." (Schlehe 1987, 211.)

„weiblicher Gefährdung durch Kontakt mit als 'unrein' geltenden Männern wurden allerdings nie systematisch untersucht. Auch fand [...] wenig Beachtung, daß Verunreinigung sich nicht ausschließlich auf Sexualtabus bezieht."[174]

Natürlich werden der Menstruation auch negative Aspekte zugesprochen. Vielerorts wird sie mit Unreinheit, Gefahr und Zerstörungskraft assoziiert, „– aber darin erschöpft sich ihr Bedeutungsgehalt eben nicht"[175], und auch diese Gefahr, die den Frauen zugeschrieben wird, kann alternativ betrachtet werden:

Durch die ihrem Blut zugesprochene Potenz steht den Frauen selbst ein gewisses *Machtmittel* zur Verfügung. Denn wird die Menstruation als unrein, kraftvoll, gefährlich oder dgl. konzeptionalisiert, so können Frauen „dies auch aktiv zu ihrem Vorteil nutzen und manipulieren, um Positionen relativer Macht zu erhalten."[176]

Ein weiterer potentieller Machtfaktor für Frauen liegt in der *Verbindung,* die sich zwischen ihnen durch die geteilte Erfahrung der Menstruation herstellt. Durch eine Ritualisierung der Menarche erfährt ein junges Mädchen die Unterstützung anderer Frauen und auch der Glaube an menstruelle Verunreinigung oder gefährliche spirituelle Kraft kann eine Basis weiblicher Solidarität sein.[177]

Diese kurze Darstellung über den Einfluß der europäischen Sicht bei der Beschreibung und Benennung der Menstruationsriten anderer Länder und der alternativen Interpretationsmöglichkeiten hierzu, zeigt wie wichtig es ist, die eigenen Tabus zu sehen und zu erkennen, – was durch die Innensichtweise erschwert ist – und wie problematisch die Beschreibung der Tabus 'der anderen' sein kann.

1.3 Das Tabu der Menstruation heute

Über den Umgang mit der Menstruation gibt es heute, also in den 70er[178] bis 90er Jahren, durchaus unterschiedliche Meinungen und Vorstellungen.

So verkündet die Zeitschrift Courage: „Das lange Schweigen ist gebrochen, über die Menstruation wird nicht mehr nur vertraulich hinter vorgehaltener Hand getuschelt [...] Nicht nur fangen Frauen an, offen und sachlich über das, was uns verbindet, miteinander zu reden – moderne feministische Künstlerinnen zwingen uns buchstäblich, unser Blut anzuschauen."[179] An anderer Stelle heißt es: „Und selbst wenn die erste Periode vielleicht ein relativ normales Ereignis

174 Schlehe 1987, 212.
175 Schlehe 1987, 219.
176 Schlehe 1987, 220.
177 Schlehe 1987, 222.
178 In den 70er Jahren hält das Thema Menstruation Einzug in Film und Fernsehen (Courage 1979, 46-48) sowie in die Kunst (Graphik, Malerei, Bildhauerei usw.) (Courage 1979, 90).
179 Courage 1979, 90.

Immer dabei oder Außenseiter?

Ganz gewiß möchten auch Sie zu den Frauen gehören, von denen jeder mit Begeisterung sagt, daß sie immer dabei sind, stets voll guter Laune und mit ganzem Herzen. Gerade weil für jeden heute der Tag so ausgefüllt ist und die wenigen freien Stunden voll und ganz genützt werden müssen, kann es sich keine Frau mehr leisten, auch noch jeden Monat kostbare Tage zu verlieren. Unser vielseitiges, interessantes und oft auch anstrengendes Leben verlangt ein gleichmäßiges „In-Form-Sein". Sie können dieser

An jedem Tag die gleiche: frisch, unternehmungslustig und überaus gepflegt.

Anforderung genauso gut gerecht werden wie jede andere Frau. Sie können genauso gut an jedem Tag über Ihre ganze Aktivität verfügen, Frische und Selbstsicherheit ausstrahlen, die das Leben so viel leichter machen und auf die Umwelt immer anziehend wirken. Auch an den Tagen, die nun einmal nicht zu den besten für eine Frau gehören, können Stimmung und Wohlbefinden unvermindert gut sein!

Warum sollte es ausgerechnet für Sie zu gewissen Zeiten noch ein Problem sein, mitzumachen, wo so unendlich viele Frauen dieses Problem längst gelöst haben? Lösen Sie es auf dieselbe einfache Weise: Durch richtige und geschickte Wahl Ihrer Monatshygiene – entscheiden auch Sie sich für:

Die gepflegte Art der Tampon-Hygiene!

Das ist TAMPAX, und das wird von allen Frauen an TAMPAX besonders geschätzt! TAMPAX erfüllt alle Anforderungen, die Sie an eine moderne Tampon-Hygiene stellen. TAMPAX-Tampons sind den körperlichen Gegebenheiten genau angepaßt und beeinflussen die inneren Vorgänge nicht. Der TAMPAX-Tampon ist beim Tragen nicht zu spüren, unsichtbar, bietet vollkommenen Schutz und ungewohnte Bequemlichkeit. Sie verfügen daher über uneingeschränkte Bewegungsfreiheit. Mit TAMPAX können Sie Ihre gewohnte Körperpflege unbehindert fortsetzen – Sie können ein Bad nehmen und auch duschen. Vor jeglicher Geruchsbildung sind Sie geschützt, da TAMPAX diese ausschließt. Was Sie bisher in diesen Tagen vermißten – TAMPAX schenkt es Ihnen: Selbstsicherheit – Wohlbefinden und makellose Gepflegtheit.

Ausschlaggebend: die Handhabung!

TAMPAX allein besitzt die Gleithülse, die nicht nur der leichteren Anwendung dient, sondern in gleichem Maße eine hygienische Einrichtung ist. Diese praktische Gleithülse gewährleistet eine saubere, einfache und richtige Einführung des Tampons. (Vorteilhaft auch beim Tamponwechsel.) Gerade diese äußerste Sauberkeit ist es, auf die eine Frau Wert legt. Erst recht, wenn es sich um die persönliche Hygiene handelt.

TAMPAX erhalten Sie in 3 Ausführungen!

Es stehen Ihnen TAMPAX-Tampons mit unterschiedlicher Saugfähigkeit zur Verfügung, die sich in den verschiedenen Abschnitten der Menstruation wechselweise verwenden lassen – je nach Notwendigkeit. Und noch ein Vorteil: TAMPAX-Tampons können Sie stets unauffällig bei sich haben. Wir schicken Ihnen kostenlos das hübsche Handtaschen-Etui. Bitte Coupon beachten! Das Mitnehmen einer Originalpackung erübrigt sich dann.

Und nun überlassen Sie nicht nur den anderen Frauen die Vorzüge und Erleichterungen dieser vollkommenen Tampon-Hygiene. Machen Sie so bald wie möglich einen Versuch mit TAMPAX. Sie werden keinen einzigen Tag mehr als „verloren" abstreichen müssen, und das Problem „Immer dabei oder Außenseiter" haben Sie auf beste Weise gelöst.

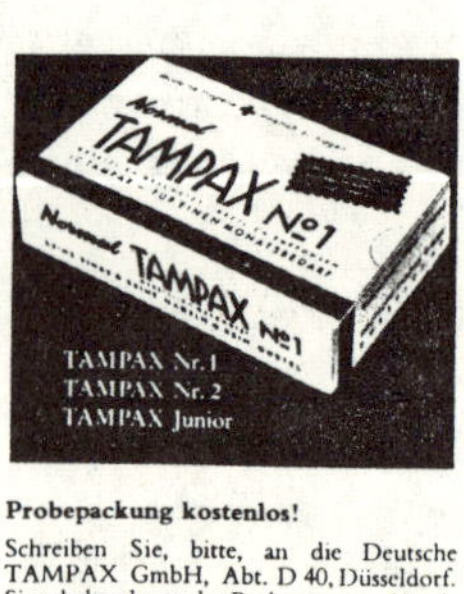

Probepackung kostenlos!

Schreiben Sie, bitte, an die Deutsche TAMPAX GmbH, Abt. D 40, Düsseldorf. Sie erhalten kostenlos Probetampons, Handtaschen-Etui und das TAMPAX-Büchlein, das Ihnen die notwendige Aufklärung gibt. Besondere Fragen zur TAMPAX-Hygiene werden durch unsere Frauenärztin ausführlich und gewissenhaft beantwortet.

[...] war, lernten wir trotzdem sehr schnell, daß die Welt nichts von Menstruation hören wollte, selbst wenn zuhause noch so offen darüber gesprochen wurde."[180]

Die Enttabuisierung der Menstruation durch künstlerische Mittel vorangetrieben hat eine Künstlerin aus Kalifornien: Judy Chicago. Eine durchschlagende, aber auch schockierende Wirkung hatte 1971 die Lithographie „Red Flag" (Rote Fahne):

> 'Red Flag' ist auf den ersten Blick schockierend – eine rote Fahne, die puritanische Gemüter in Aufregung versetzen will. Das Bild zeigt in Rosa-, Grau- und Schwarztönen das leicht verschwommene nackte Bein einer Frau. Das andere Bein wird von einer Hand verdeckt, die ein rotes Tampon an seinem Faden herauszieht.[181]

Bei diesem Kunstwerk handelt es sich um die Darstellung einer Tätigkeit, die jede Frau, die Tampons benutzt, regelmäßig vollzieht: Sie zieht den mit Blut gefüllten Tampon aus ihrer Vagina heraus.

In den 80ern findet sich in einem Kapitel zur historischen Entwicklung von Tampon und Binde zur Einschätzung der Situation um die Menstruation heute folgendes:

> Die Tatsache, daß viele Ammenmärchen heute vergessen sind und die Menstruation als völlig natürlicher Vorgang betrachtet wird, verdanken wir jahrzehntelanger Aufklärungsarbeit, an der die Hersteller von Frauenhygieneprodukten ganz wesentlich beteiligt waren. [...][182]

Und in den 90ern stellt Prof. Fritz Poustka im Rahmen eines Interviews über sexuelle Aufklärung fest: „Die Monatsblutung ist heute kein Tabu mehr."[183]

Folgende AutorInnen schätzen die Situation eher skeptischer ein und sehen das Tabu um die Menstruation als mehr oder weniger festen Bestandteil unserer Gesellschaft an:

Noch 1991 steht für Hering und Maierhof fest:

> Trotz aller Fortschritte und aller Aufklärung gilt die Menstruation im allgemeinen Verständnis jedoch noch immer als etwas An-Rüchiges und Scham-Volles. Das Tabu ist nicht gebrochen.[184]

In ihrem Buch über die Menstruation, „Blutrot", berichten Reher-Juschka und Biebrach über ihre Erinnerungen an die Menstruation:

> Wir Mädchen erlebten besonders die Menstruation als Peinlichkeit. Binden- und Tamponpackungen stehen heute in jedem Supermarktregal. Damals bekamen wir in der

180 Courage 1979, 37.
181 Courage 1979, 91.
182 Groening, E.; Siebert, K.; Weinstrauch, F. 1988, 300.
183 Wagner, Luise: „Sex darf nicht im Vordergrund stehen". Aufklären, aber wie? Interview mit Fritz Poustka, Leiter der Frankfurter Jugendpsychiatrie. In: Der Stern 41 (1993) S. 113.
184 Hering; Maierhof 1991, 8.

Apotheke oder in der Drogerie diskret eingewickelte Päckchen, wenn wir mit verhaltener Stimme unseren Kaufwunsch äußerten.[185]

Obwohl zwischen diesen Geschehnissen und heute nicht nur 20 Jahre, sondern auch die sogenannte sexuelle Revolution, einige Aufklärungsbücher, die Einführung des Sexualkundeunterrichts in den Schulen und anderes mehr lagen, mußten die Autorinnen im Verlauf einer Projektwoche (Thema: 'Menstruation') an ihrer Schule feststellen, „daß es heute immer noch viele Mädchen gibt, die unter den gleichen Schwierigkeiten und Problemen leiden wie wir damals".[186]

Nach diesen Beispielen kann wohl doch keine eindeutige Einschätzung zum Tabu der Menstruation heute gegeben werden. Die Situation erscheint verzwickt.

Einige behaupten, das Menstruationstabu existiert nicht mehr[187], andere stellen das Gegenteil fest.[188]

Die Situation um die Menstruation und auch für die menstruierenden Frauen hat sich gegenüber früher verändert. So ist es keine peinliche Sache mehr, wenn eine Frau oder auch ein Mann in einem Supermarkt eine Packung Binden oder Tampons kauft.

Das *Ausschluß-* und das *Sexualtabu* ist aber dennoch deutlich zu erkennen:

Die zahlreichen Talkshows im Fernsehen, für die sonst kein Thema tabu ist (Lesben, Schwule, Bisexuelle, Dicke, FußfetischistInnen, ExibitionistInnen, Impotenz), nehmen sich *nicht* dem Thema Menstruation an. Hieran zeigt sich das *Ausschlußtabu.* Und das *Sexualtabu* zeigt sich in der Werbung. Denn obwohl es keineswegs verpönt oder unüblich ist, in der Werbung nackte Frauen zu zeigen, ob es zum Produkt paßt oder nicht, sind in Binden- und Tamponwerbungen *keine* nackten Frauen zu sehen.[189] Menstruierende Frauen können nicht mit Sex in Verbindung gebracht werden, eben aufgrund des Sexualtabus.

Am besten beschreibt Schlehes Sicht einer „gespaltenen" Menstruation die Situation um die Menstruation heute: Die zunehmende Intimisierung und Privatisierung der körperlichen Funktionen[190], „bewirkt eine Gespaltenheit des Menschen in eine öffentliche und eine intime, geheime Seite." In bezug auf die Men-

[185] Reher-Juschka; Biebrach 1992, 9.

[186] Reher-Juschka; Biebrach 1992, 10.

[187] So auch die Herstellerfirmen: Siehe Kap. 1.1 *Das Tabu um die Menstruation existiert nicht mehr* (Teil IV).

[188] Die Autorinnen des Aufklärungsbuch „Blutrot" müssen erkennen, daß das Tabu noch existiert, und formulieren hierzu fast trotzig: „Wir benötigen kein Tabu mehr, auch keines zu unserem Schutz, denn wir haben jetzt die Möglichkeit, uns selbst zu schützen. Dazu gehört, daß sich ein Mädchen, eine Frau selbst entscheiden kann, wie sie sich während ihrer Periode verhalten möchte. Ob sie ins Schwimmbad geht, ob sie sich ausruhen oder Sport treiben möchte, ob sie zum Friseur geht, einen Kuchen backt oder ob sie meditiert und tanzt – das ist ganz allein ihre Sache. Und wenn sie während der Menstruation einen Mann oder eine Frau körperlich liebt, dann nicht, um ein Tabu zu brechen, sondern weil sie Lust dazu hat und ihr nachgeben möchte." (Reher-Juschka; Biebrach 1992, 98.)

[189] Seit 1996 gibt es eine Werbung für Always-Slipeinlagen, in der Frauen in Unterwäsche zu sehen sind, diese wirken aber m. A. n. nicht sexy und sollen dies bestimmt auch nicht.

[190] Siehe hierzu auch Kap. 4.2 *Macht* (Teil I) „Mit Hilfe von Tabus kommt es zu einer Trennung zwischen Öffentlichkeit und Privatem."

struation bedeutet dies: „nach außen, in die öffentliche Sphäre, soll nichts dringen, was die Menstruation der Frau für andere wahrnehmbar macht."[191] Welchen Einfluß die Menstruation auf das Leben der Frau hat, ist ihre Privatsache. „Dies entspricht auch genau den Forderungen, die die Arbeitsorganisation der modernen Industriegesellschaft – zumindest an die berufstätige Frau – stellt. Weibliche Zyklizität wird zur persönlichen und beruflichen Behinderung, denn Arbeitskräfte sollen gleichbleibend verfügbar sein."[192]

Daß die *Ammenmärchen nicht* vergessen sind, zeigt folgende Untersuchung: In den 80er Jahren wurde in Hannover und Umgebung eine Befragung unter Auszubildenden und Berufstätigen im Ernährungsbereich durchgeführt. Sie ergab, daß „unabhängig von Geschlecht, Alter, Konfession, Wohnort und Schulbildung bei 55% dieser Personengruppe Menstruationstabus – sowohl allgemeiner Art[193] als auch insbesondere hinsichtlich des Ernährungsbereiches[194] – bekannt sind." Knapp die Hälfte der Befragten ist von der Berechtigung der Tabus überzeugt, wobei hier jeweils der Anteil der männlichen, der älteren, der katholischen, in ländlichen Regionen lebenden und der weniger gebildeten Befragten höher ist.[195]

Und eine »Menstruationsparade«, wie sie die norwegische Schriftstellerin Gert Brantenberg in ihrem Buch „Die Töchter Egalias" beschreibt, ist für uns reine Utopie:

> Endlich war es soweit! Die großen Menstruationsspiele [...] hatten begonnen [...] Zuerst kamen zwei dunkelrote Fahnen, die das Menstruationsblut symbolisierten, dann die Bläserinnen – ein Orchester von zwanzig schwangeren Frauen, die einen Triumphmarsch spielten – und anschließend eine Truppe aus fünfzehn Frauen, die mit verschiedenfarbigen Menstruationsbinden winkten, sie in die Luft warfen, wieder auffingen und mit ihnen – wenigstens fünf Binden auf einmal – geschickt jonglierten, während sie im Takt mit der Musik gingen. Am Ende des Zuges folgten die Männer mit den Kindern auf dem Arm oder an der Hand.[196]

191 Schlehe 1987, 35.

192 Schlehe 1987, 37.
Ca. 50-75% der menstruierenden Frauen in Europa leiden unter mehr oder weniger starken Symptomen des prämenstruellen Syndroms (Weideger, Paula: Menstruation and Menopause: The Physiology and Psychology, the Myth and Reality. New York 1976, 44; zit. n. Schlehe 1987, 37). Trotzdem fehlen, wie aus Statistiken des amerikanischen Arbeitsministeriums hervorgeht, Männer und Frauen ungefähr gleich häufig am Arbeitsplatz (Schlehe 1987, 37). „Im Jahr 1971 [...] fehlten Männer 5,1 Tage wegen Krankheit oder Verletzungen und Frauen 5,2 Tage." Und das obwohl viele „Frauen auch zu Hause bleiben müssen, wenn die Kinder krank sind – oder die Ehemänner." (Courage 1979, 28.)

193 (keine körperlichen Anstrengungen, kein Geschlechtsverkehr, nicht Haare oder Wäsche waschen, keine Blumen binden) Schlehe 1987, 33.

194 (nicht einmachen (36%), keine Fleischwaren berühren (25%), keine Salate herstellen (19%), nicht einkochen (18%), keine Milchspeisen herstellen (15%), nicht kochen und backen (11%), nicht schlachten (10%), nicht konservieren (9%)) Schlehe 1987, 33.

195 Schlehe 1987, 33. Untersuchungsergebnisse in: Mayer, Christine/Burkhard Ahlert: Tradierung von Vorurteilen in Berufsausbildung und – praxis. Menstruationstabus und Nahrungszubereitung. In: Zeitschrift für Berufs- und Wirtschaftspädagogik 80 (1)/1984, 15-28.

auf dem Arm oder an der Hand.[196]

Seit den 50er Jahren wird die Menstruationshygiene zu einem öffentlichen Thema. Diese Öffentlichkeit ist allerdings beschränkt auf Werbung für Binden und Tampons. Zwar erscheint auch der eine oder andere Artikel in einer Illustrierten, dies ist aber ein seltener Fall.[197] Und „weder ein Wandel der allgemeinen Moralvorstellungen, noch die nach wie vor relativ geringe Aufklärungsfreudigkeit in Elternhaus und Schulen haben zu diesem Umschwung beigetragen, sondern das Interesse der Herstellerfirmen, ihre Produkte [!] auf dem nun 'freien Markt' zu verkaufen. Und dieses Interesse läßt sich nur durch Aufklärung und Enttabuisierung verwirklichen."[198]

196 Brantenberg, Gert: Die Töchter Egalias. 216 f.

197 Die Zeitschrift „Der Stern" hatte seit den 80er Jahren ganze viermal einen Bericht zum Thema Menstruation. Und nur in einem Beitrag, einer Kolumne, war die Menstruation das Hauptthema.

198 Hering; Maierhof 1991, 122.

TEIL III – WERBUNG

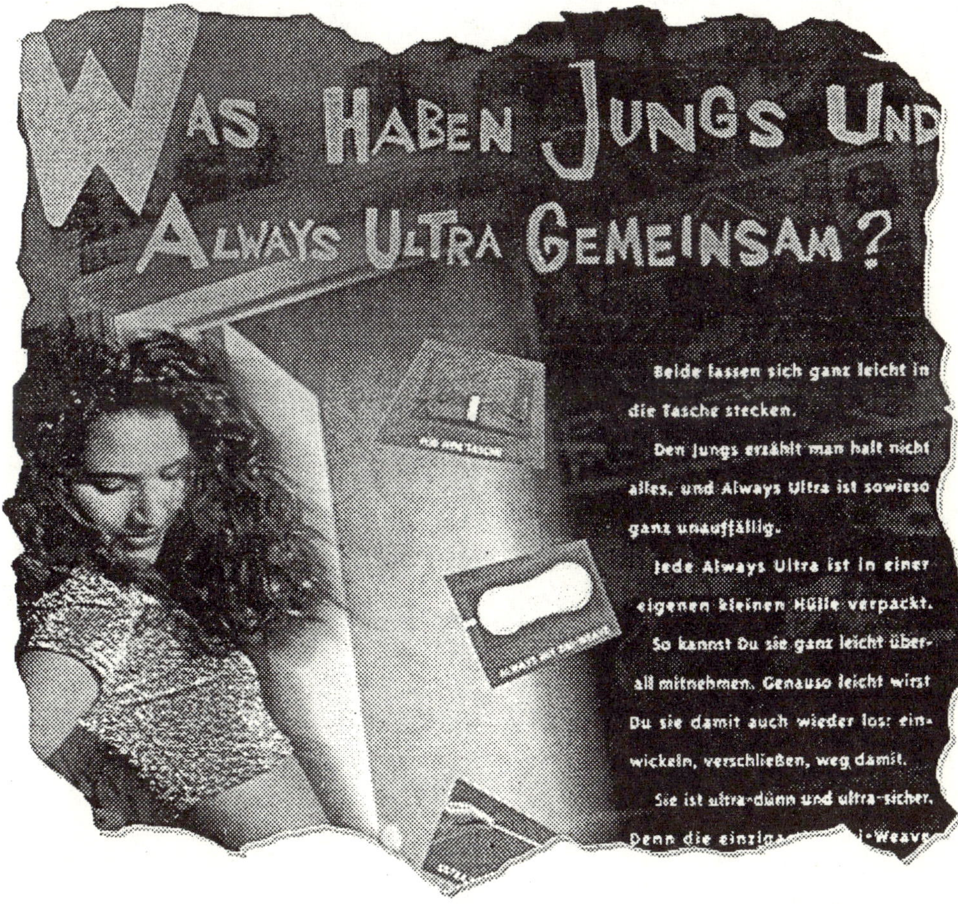

Always Unfug

Daß sich hinter dem Namen „Always Ultra“ eine Damenbinde verbirgt, setze ich als bekannt voraus. Aus der aktuellen Anzeige, die in der *Bravo* für die Miniwindel wirbt, geht das allerdings nicht hervor. Hier taucht weder der Begriff „Damenbinde“ auf, noch ist von einer Mädchenbinde die Rede. Sind die junger Dinger denn so schamhaft, daß man ihnen nur mit einer „Dri-Weave-Oberfläche“ kommen darf?

Aber zur weitaus wichtigeren Frage: „Was haben Jungs und Always Ultra gemeinsam?“ fragt der Werbetext, den eine löwenmähnige junge Person in kurzem Glitzerpulli und katzengoldfarbener Hose dekoriert. Tja, was haben sie gemeinsam? „Beide lassen sich leicht in die Tasche stecken“, lautet die Antwort. „Den Jungs erzählt man halt nicht alles, und Always Ultra ist sowieso ganz unauffällig.“ Klarer Fall von Gemeinsamkeit: Jungs sind wie Always Ultra, und Always Ultra ist wie Jungs. Aber irgendwie kann das nicht stimmen. „Jede Always Ultra ist in einer eigenen kleinen Hülle verpackt“, heißt es weiter. Das kann man nur noch mit viel gutem Willen als Gemeinsamkeit durchgehen lassen. Jungs, in eigener Hülle? In kleiner Hülle? Na gut. „So kannst Du sie ganz leicht überall mitnehmen“, fährt die vergleichende Werbung fort, und spätestens hier kommen doch Zweifel auf. Bernd zum Beispiel, den Sohn der Nachbarn, konnte man ganz bestimmt nicht überall mitnehmen. Der war kein Junge für eine Nacht. Die Firma Always quakt derweil munter weiter: „Genauso leicht wirst Du sie damit auch wieder los: einwickeln, verschließen, weg damit.“ Von wegen! Bindenhersteller haben offensichtlich keine Ahnung von Jungs, vor allem keine von Henning aus der Parallelklasse, den man einfach nie wieder loswurde, wenn man ihn auf einer Party traf. Daß sich also „die Problemchen mit den Jungs und die mit der Periode ganz diskret lösen lassen“, wie Always schlußfolgert, ist dreist gelogen. Der Gipfel der Unverschämtheit aber findet sich in der letzten, bindenförmig gebogenen Zeile. Danach wären Jungs „always sauber, always trocken und mit Sicherheit ein gutes Gefühl“.

Jetzt fehlt eigentlich nur noch die Behauptung, junge Männer hätten auch einen Klebestreifen.

Carola Rönneburg

1. Werbung

In diesem Kapitel soll einerseits die Beziehung zwischen Werbung und Gesellschaft und andererseits zwischen Werbung und Sprache aufgezeigt werden. Diese beiden Zusammenhänge sind für das Thema dieser Arbeit von Bedeutung, da Tabu sowohl ein gesellschaftliches wie auch ein sprachliches Phänomen ist.

1.1 Theorien zu Werbung und Gesellschaft

Nach Brockhaus ist Werbung ganz allgemein „jede Darbietung von Botschaften mit dem Ziel, Einstellungen und Handlungen der Adressaten zum Vorteil des Werbetreibenden zu steuern.“[199]

Allgemein wird angenommen, daß Werbung einen Einfluß auf die Gesellschaft hat. Im folgendem soll nun kurz gezeigt werden, daß dieser Einfluß ein beschränkter ist, da er nur greifen kann, wenn die Werbenden auf die Wünsche und Vorstellungen der RezipientInnen Rücksicht nehmen.

Einfluß und Möglichkeiten der Werbung – Wider die Manipulationstheorie

Entgegen der allgemeinen Auffassung ist die RezipientIn keineswegs der manipulativen Kraft einer Werbebotschaft hilflos ausgeliefert.

So stellt Hasselhoff fest:

> »Mit der Manipulationsthese unterliegt die zeitgenössische Kulturkritik jedoch einer folgenreichen Fehleinschätzung und ›Dämonisierung‹ von Massenkommunikation und von Werbung sowie einer höchst problemhaften Unterschätzung der Urteilskraft des Staatsbürgers [...]«[200]

Auch für Hermanns sind die Möglichkeiten der Werbung durchaus eingeschränkt: Einerseits ist „der Wirtschaftswerbung [...] die Beeinflussungsabsicht inhärent“, andererseits „steht [ihr] auf der Verwendungsseite die Konsumfreiheit und die Konsumentensouveränität gegenüber.“[201] Außerdem zeigen die Erfah-

[199] Brockhaus 1994, 66.

[200] Hasselhoff, O.W.: *Kommunikation und gesellschaftlicher Wandel.* In: Bund deutscher Werbeberater, (Hrsg.), Kommunikation & Gesellschaft, Karlsruhe 1972 (Effektive Werbung 3), S. 27; zit. n. Lindner 1977, 60.

[201] Hermanns 1972, 32.

rungen der Werbepraktiker, „daß Werbung ein hartes, risikoreiches Geschäft[202] ohne Geheimnisse ist, dem der Konsument noch keineswegs zum Opfer gefallen ist. Damit kann und soll nicht geleugnet werden, daß der Verbraucher starken Beeinflussungen unterliegt. Man darf sie nur nicht zu einseitig sehen. Eine notwendige Relativierung ergibt sich aus den folgenden Aspekten:

1. Die Mehrzahl der Einzelbedürfnisse ist sozial bedingt und unterliegt insofern mannigfaltigen Einflüssen der Gesellschaft;
2. Die Konkurrenz der Werbung hat einen nicht zu unterschätzenden kompensatorischen Effekt, der die meisten Werbebotschaften daran hindert, sich uns mitzuteilen;
3. der [!] einzelne vermag schließlich auch aus Fehlern zu lernen und sich persönlich auf die werbende Umwelt einzustellen."[203]

Hermanns kommt zu dem Schluß: „Sozialisation durch Wirtschaftswerbung in den Massenmedien bewirkt primär eine Verstärkung bestehender Verhaltensdispositionen und -erwartungen."[204]

Werbung hat einen Einfluß auf die Gesellschaft, aber nur insofern, als sie die in der Gesellschaft schon *vorhandenen* Erwartungen, Einstellungen und Vorstellungen an die Gesellschaft zurückgibt und damit stärkt.

Lindner betrachtet Werbung und Gesellschaft als zwei sich gegenseitig beeinflussende Faktoren.[205] Denn zu dem psychologischen Reiz-Reaktions-Modell (S-R-Modell)[206] kommt als erweiternder Faktor das persönliche Interesse der jeweiligen RezipientInnen hinzu.[207]

[202] Dies zeigt auch folgendes Untersuchungsergebnis: Die GfK Marktforschung, Nürnberg, konnte in einer repräsentativen Umfrage feststellen, daß jeder vierte von der Werbung verärgerte Verbraucher mit Kaufverweigerung reagiert. („Ariel nervt am meisten. Verärgerte Verbraucher reagieren auf Werbung mit Kaufverweigerung." in: RNZ 24.03.1996.)
Außerdem bleibt es nach einem neugierigen Ausprobieren eines Produktes, selbst wenn die KäuferIn sich von der Werbung angesprochen fühlt, ihre Entscheidung, das Produkt *nicht* wieder zu kaufen, wenn ihr dieses nicht gefallen hat. Da kann eine Werbung noch so gut gestaltet sein.

[203] Cassel, D.: *Manipulation des Verbrauchers?* Über die Rolle der Werbung in der Marktwirtschaft, in Wirtschaftsdienst 1971, IV, 220; zit. n. Hermanns 1972, 32.

[204] Hermanns 1972, 126.

[205] Siehe hierzu: Lindner 1977, 12.

[206] Auch Stimulus-Response-Modell: „Zentraler Denkansatz der behavioristisch orientierten Verhaltenspsychologie, demzufolge menschliches (also auch sprachliches) Verhalten nach dem Vorbild eines mechanischen Apparates zu erklären bzw. zu rekonstruieren ist. Alle Formen von Erlebnisweisen, Ideen, Intentionen werden als Ergebnis eines Wechselspiels zwischen beobachtbaren Reizen (stimuli) und entsprechenden Reaktionen (responses) aufgefaßt. Hinsichtlich der Reaktionen wird unterschieden zwischen »unmittelbaren« und »bedingten« Reflexen. Unmittelbare Reflexe sind spontane, nicht vom Willen gesteuerte Reaktionen auf Reize, wie z.B. Blinzeln bei grellem Lichteinfall; bedingte (auch: konditionierte) Reflexe hingegen sind künstliche, durch bestimmte Lernvorgänge erworbene Reaktionen auf Reize. [...]" (Bußmann: *Lexikon der Sprachwissenschaft.* 1990.)

[207] Lindner 1977, 69.

Mit anderen Worten: Die RezipientInnen beachten nur das, was sie auch interessiert und was ihrer Sichtweise und Einstellung entspricht! Was die RezipientInnen wahrnehmen wollen, basiert auf dem jeweiligen Erfahrungshorizont (Sozialisation)[208] und den peergroups, denen die RezipientInnen angehören.

In den peergroups gibt es die sog. MeinungsführerInnen.[209] Hiermit sind Menschen gemeint, die sich durch besondere Fachkenntnisse in bezug auf ein bestimmtes Produkt (z.B. Computer, Stereoanlagen, die neueste Mode usw.) auszeichnen und auch als solche in der Gruppe bekannt sind. Diese MeinungsführerInnen (auch TrendsetterInnen genannt) beeinflussen den Kauf-Trend in ihrer Gruppe. Die Werbung kann durchaus über die MeinungsführerInnen einen Einfluß auf das Kaufverhalten ausüben, aber nur soweit, wie die Werbebotschaften den Interessen, Einstellungen usw. der MeinungsführerInnen entsprechen. Dieses Konzept zeigt, daß die Massenmedien nicht völlig einflußlos sind.[210]

So schreibt Lindner:

> Anscheinend sind sie [die MeinungsführerInnen] aber deshalb beeinflußbar, weil sie an dem spezifischen Thema / Gegenstand besonderes Interesse haben und aus diesem Grund diesbezügliche Informationen aussuchen.[211]

Intensität, Extensität und Darbietungshäufigkeit eines Reizes, wie ursprünglich angenommen, reichen also nicht aus, um eine gewünschte Reaktion auf der Empfängerseite auszulösen.[212] Die RezipientInnen selektieren die Botschaften der Medien allgemein und somit natürlich auch die Werbebotschaften nach ihren Meinungen, Erwartungen, Interessen usw. Darum muß auch die Werbebotschaft gerade diese Aspekte enthalten, um das Interesse der RezipientInnen zu erlangen.

Folgerung: Es ist also für die Werbenden notwendig, die Selektion der eigenen Botschaften zu verhindern. Die zu dem zu verkaufenden Produkt zugehörigen prädispositionalen Faktoren, wie Bedürfnisse, Einstellungen, Interessen, Wertvorstellungen usw., müssen vor der Werbemaßnahme geklärt werden,[213] damit sie in der jeweiligen Werbemaßnahme verwendet werden können.

Die Interessenselektion bei den RezipientInnen zieht eine selektive Werbung nach sich. Das bedeutet, einerseits müssen die Medien, „die als Werbeträger für bestimmte Produktgruppen geeignet zu sein scheinen“, nach den Interessen der anzusprechenden KundInnen ausgesucht werden, zum anderen erfolgt eine Selektion „hinsichtlich der Inhalte der Werbebotschaften, die auf klar umrissene

[208] Vgl. hierzu: Hermanns, Arnold: *Sozialisation durch Werbung*. Düsseldorf: Bertelsmann Universitätsverlag 1972.
[209] Lindner 1977, 67.
[210] Lindner 1977, 67/68.
[211] Lindner 1977, 68.
[212] Lindner 1977, 68.
[213] Lindner 1977, 69.

Zielgruppen[214], die als potentielle Käufergruppen in Betracht kommen, ausgerichtet werden."[215]

Mit Hilfe der Zielgruppen kann die Werbung auch Menschen ansprechen, die dem Konsum eher abgeneigt gegenüberstehen, indem deren Anschauungen und Wertvorstellungen auf Konsumobjekte gelenkt werden. Es ist also durchaus nicht so, daß Werbung nur traditionelle Werte und Rollen bestätigt und damit festigt.[216] Vielmehr kann es „durchaus im Sinne der Formverwandlungsaufgabe sein, 'fortschrittliche' Aspekte in die Werbebotschaft einfließen zu lassen [...]."[217]

Die Beziehung zwischen Werbung und Gesellschaft darf also nicht eingleisig nur von Werbung auf Gesellschaft gesehen werden, sondern gerade die in der Gesellschaft vorhandenen Einstellungen und Verhaltensmuster wirken auf die Werbenden und damit auf die Werbung zurück.

Die Bedeutung von Vertrauen in Werbung

Werbung wird im Gegensatz zum redaktionellen Teil der Medien von den RezipientInnen nicht als Informationsmittel[218] gesehen, obwohl die Werbebotschaft nach dem Willen der Werbenden auch die Aufgabe hat, die RezipientInnen über das Produkt zu informieren.

Werbung kann auch „niemals objektive Produktinformation und Warenkunde im gesellschaftlichen Maßstab leisten. Die Information, die die Werbung als Formverwandlungsinstrument vermittelt, ist zwangsläufig stets partikularer Natur."[219] Das heißt, sie läßt nur solche Informationen zu, die dem Image des Produktes entsprechen und es positiv erscheinen lassen.

In seinem Aufsatz „Werbesprache"[220] kann Januschek feststellen, daß Werbetexte von den LeserInnen grundsätzlich anders rezipiert werden als nicht werbliche Texte, obwohl sich beide Textarten in syntaktisch und lexikalisch-semantischen Kategorien nicht qualitativ unterscheiden lassen. Die unterschiedliche Rezeption erfolgt allein in dem Wissen, daß es sich um einen Werbetext handelt.

Wird eine Aufforderung in der Werbung von einer RezipientIn wie eine Aufforderung in der Realität behandelt, macht diese sich in den Augen ihrer Mit-

214 Sehr geeignet, die Selektion der eigenen Werbebotschaft zu verhindern, sind z.B. die Zielgruppenzeitschriften. Hier können die Werbebotschaften mit geringem Streuverlust an die KäuferInnen der Zeitschrift gebracht werden, wobei sich die Werbenden des Interesses der KundInnen an ihrer Werbung ziemlich sicher sein können. Vg.: Lindner 1977, 79.

215 Lindner 1977, 78.

216 Lindner 1977, 108.

217 Lindner 1977, 109.

218 Siehe hierzu auch: Januschek 1974, 243.

219 Lindner 1977, 122.

220 Januschek 1974, 241 ff.

menschen lächerlich. Denn es gehört zum allgemeinen Wissen in unserer Gesellschaft, daß die Werbenden nur ein Ziel haben, nämlich ihr Produkt zu verkaufen. Es gehört also „zu den Lernzielen und Lernleistungen des modernen Menschen [...], sich von der Werbung nicht überrumpeln zu lassen und skeptisch zu reagieren.“[221]

Außerdem bedienen sich die RezipientInnen der Massenmedien in erster Linie, weil sie an ihrer publizistischen Funktion interessiert sind. Werbung ist eine mehr oder weniger geduldete Nebenerscheinung der Massenmedien. „Nur als sekundäre Funktion der Massenmedien wird die Werbung von [den RezipientInnen] mehr oder weniger intensiv genutzt oder aber nur toleriert, wenn nicht gar abgelehnt.“[222]

Um so wichtiger wird es für die Werbenden, dieser vorhandenen Skepsis entgegenzuwirken, damit die RezipientInnen von dem Gebrauchswert der Ware dennoch überzeugt werden können. Hierbei ist es nicht so wichtig, ob das Produkt oder die Firma tatsächlich vertrauenswürdig ist, sondern das Wichtigste hierbei ist, daß die „Kommunikationsquelle als sachkundig und vertrauenswert erscheint [...]“.[223]

Auch die vorstehend beschriebenen prädispositionalen Faktoren tragen zur Vertrauensbildung bei. Die Verwendung bestimmter sozialer Belange (z.B. Umweltschutz), für die es unter den ZuschauerInnen eine genügend große Interessengruppe gibt, ist durchaus dazu geeignet, das Vertrauen der RezipientInnen zu erlangen. Die Werbenden stellen sich zum Schein auf die Seite der VerbraucherIn und handeln scheinbar in ihrem Interesse.

Werbung als Spiegelbild der Gesellschaft

Kennzeichnend für ein Spiegelbild ist immer, daß Bild und Spiegelbild sich gegenseitig entsprechen, wobei das Bild (die Gesellschaft) für die Gestalt des Spiegelbildes (Werbung) auf jeden Fall mitverantwortlich ist.

Es gibt zwei Faktoren, die Werbung zum Spiegelbild der Gesellschaft machen:

[221] Hermanns 1972, 11 (Vorwort des Herausgebers).

[222] Steinmann 1971, 25.

[223] Lindner 1977, 70. Mit Kommunikationsquelle sind bei Lindner die ScheinexpertInnen gemeint, die in den Werbespots in Gestalt eines Arztes, einer Zahnarztfrau oder einer Kinderkrankenschwester auftauchen. Diese Personen sollen sachkundig und vertrauensvoll erscheinen, um so bei den RezipientInnen Meinungs- und Verhaltensänderungen herbeizuführen. Verstärkt wird die vertrauenerweckende Wirkung der ScheinexpertInnen noch durch vertrauenerweckende Reizstereotypen, wie z.B. der ‘weiße Kittel’ von ÄrztInnen, WissenschaftlerInnen und andere ExpertInnen. Auch die Verwendung von Fachbegriffen, die sonst von ExpertInnen benutzt werden, kann die Vertrauensbildung zu den ExpertInnen und damit auch zum Produkt fördern.

Erstens: Die Menschen, die Werbung produzieren, sind auch immer Menschen der Gesellschaft. Das heißt: Sie haben die gleiche Sozialisation und einen ähnlichen Erfahrungshintergrund wie die Menschen, die sie durch ihre Werbung ansprechen wollen.

Zweitens: Da die RezipientInnen die Werbung nach ihren Interessen, Wertvorstellungen, Meinungen usw. selektieren, muß die Werbung diesen prädispositionalen Faktoren entsprechen. Und das bedeutet automatisch, daß Werbung bestehende Werte und Normen aufnimmt und weiterträgt. Mit anderen Worten: Ist die anzusprechende Zielgruppe feministisch und der Moderne aufgeschlossen, so ist es die Werbung auch. Genauso kann die Werbung konservativ, ökologisch oder tierlieb sein, je nach den Einstellungen der Zielgruppe.[224]

Zwischen Werbung und Gesellschaft herrscht eine ähnliche Beziehung wie zwischen Gesellschaft und den in ihr lebenden Menschen. Die in einer Gesellschaft lebenden Menschen machen die Gesellschaft aus und nicht umgekehrt. Also: Die Menschen handeln nicht, weil die Gesellschaft so ist, wie sie ist, sondern die Gesellschaft ist, wie sie ist, weil die Menschen handeln.[225]

Genauso kann die Werbung als ein durch die bestehende Gesellschaft beeinflußtes Medium betrachtet werden. Also: Die KundInnen haben nicht nur bestimmte Vorstellungen, Interessen usw., weil die Werbung diese vorlebt, sondern die Werbung lebt diese Vorstellungen, Interessen usw. vor, weil diese in der Gesellschaft existieren.

Wenn Werbung das Spiegelbild der Gesellschaft ist, in der sie erscheint, wird mit der Analyse der Werbung immer auch die Gesellschaft, in der diese Werbung erscheint, *mitanalysiert.*

Natürlich darf man hier nicht davon ausgehen, daß die Werbung genauso *ist* wie die Gesellschaft. Denn gerade in der Werbung wird viel mit idealisierten Wunschvorstellungen der RezipientInnen gearbeitet.

Die Werbung spiegelt vielmehr ein Schein-Bild einer Gesellschaft wider, das so ist, daß sie den Wünschen der Menschen entspricht.

Werbung trägt zweifellos auch eine ideologische Botschaft, aber immer nur die, die in der Gesellschaft sowieso vorhanden ist.

1.2 Theorien zu Werbung und Sprache

Werbung, auch werbliche Kommunikation genannt, stellt eine heute übliche und allgemein anerkannte Kommunikationsform dar.

In dieser Arbeit ist die Wirtschaftswerbung, die als mediale Massenkommunikation durch das Fernsehen Verbreitung findet, von Interesse, da die hier untersuchten Werbespots diesem Typus angehören.

[224] Lindner 1977, 74 ff.
[225] Lindner 1977, 28.

Hierbei handelt es sich um eine spezielle Kommunikation mit folgenden allgemeinen Merkmalen:

Es handelt sich um
1. indirekte Kommunikation, da eine räumlich-zeitliche Distanz zwischen den Kommunikationspartnern vorliegt,
2. einseitige Kommunikation, da der/die Aussagende und der/die Aufnehmende während der Kommunikation die Rollen nicht tauschen können,
3. öffentliche Kommunikation, da sich jedermann Zugang zu ihr verschaffen kann.[226]

Werbung ist aber auch immer eine kommunikative Einbahnstraße. Das heißt, die Person, die die Werbebotschaft empfangen hat, kann in den meisten Fällen nicht spontan verbal darauf reagieren.

Werbesprache im Lexikon

Nach dem Lexikon der Sprachwissenschaft ist Sprache ein „[a]uf kognitiven Prozessen basierendes, gesellschaftlich bedingtes, historischer Entwicklung unterworfenes Mittel zum Ausdruck bzw. Austausch von Gedanken, Vorstellungen, Erkenntnissen und Informationen sowie zur Fixierung und Tradierung von Erfahrung und Wissen."[227]

Zum Begriff Werbesprache findet sich hier folgende Erläuterung:

> Auf Verhaltenssteuerung gerichteter persuasiver Sprachgebrauch in Wirtschaft und Politik, speziell in der Konsumwerbung. Pragmatische Kennzeichen der W. sind die persuasive Intention, die kommunikative Distanz zu unterschiedlichen Adressaten und die allgemeine, den Zielgruppen angepaßte Funktionalisierung der Sprachmittel im Dienste des Werbeappells.[228]

Verkürzt gesagt ist Sprache ein Mittel, mit der in der Werbung eine persuasive Funktion, im Sinne eines Kaufwunsches bei den RezipientInnen, ausgeübt werden soll. Werbesprache hat aber nicht nur diese eine Funktion. Sie vermag noch mehr:

Werbung bedient sich des Kommunikationsmittels Sprache, um den ZuschauerInnen eine Scheinwelt zu vermitteln. Wie weiter oben schon von Scheinexperten und Scheinwelt die Rede war, kann auch die Werbesprache als Scheinsprache betrachtet werden.

[226] Steinmann 1971, 13/14.
[227] Bußmann 1990.
[228] Bußmann 1990.

Alle in der Werbung auftauchenden Sprechakte, wie Interview, ein Gespräch unter FreundInnen oder von Mutter zu Kind, sind künstliche Sprechakte. Diese Gesprächssituationen sollen nur natürlich erscheinen, um das Vertrauen der RezipientInnen zu erlangen. Die Menschen in den jeweiligen Gesprächen sind SchauspielerInnen, die bestimmte Situationen spielen.

Nach Fischer handelt es sich bei Werbung um Fiktion, die aber im Unterschied zur Fiktion in der Literatur steht, da eine Fiktion in der Literatur nicht *real* sein muß. Bei der Werbung besteht der Anspruch, reale Tatbestände[229] wiederzugeben. „Verzichtete Werbung auf diesen Anspruch, verlöre sie ihren Zweck [...]“[230]

Es handelt sich also um Schein-Situationen, in denen Menschen sich über Schein-Inhalte unterhalten.[231] Diese Schein-Inhalte werden nur gewählt, um dem Interesse der jeweiligen Zielgruppe zu entsprechen.

Mit anderen Worten: Es handelt sich nur um ein „scheinbare[s] Eingehen der Werbestrategen auf die Interessen und Werthaltungen der Adressaten [...]“.[232]

Da bei einem Kaufwunsch nicht die tatsächliche Qualität eines Produktes entscheidend ist, sondern allein wie die Qualität wahrgenommen wird, soll die Ware in einer Schein-Welt günstig erscheinen. Zu dieser Wahrnehmung gehört auch eine Schein-Sprache.

In Januscheks vergleichender Untersuchung zum Umgang mit den drei Sprechakttypen Aufforderung, Frage und Behauptung in Werbetexten und in umgangssprachlichen Texten, stellt er fest: „Werbung dient also gewissermaßen dazu, unnütze Dinge nützlich und gleiche Gebrauchswerte verschieden erscheinen zu lassen.“ Die Welt des Käufers verwandelt sich in eine Scheinwelt.[233]

Im Unterschied zur Sprache, die in der Gesellschaft gesprochen wird, ist Werbesprache immer eine öffentliche Sprache. Das heißt, die im Privatbereich gesprochene Sprache kann hier nicht auftauchen bzw. wenn sie auftaucht, so ist sie nur zum Schein privat. Das bedeutet, daß eine Untersuchung der Werbesprache bzw. auch der hier vorkommenden Wörter immer nur einen Teil der Gesellschaft wiedergibt, nämlich den in der Öffentlichkeit existierenden.

[229] Dieser Anspruch auf Realität zeigt sich auch in einem der in dieser Arbeit untersuchten Werbespots ganz deutlich: In dem Always-Werbespot redet die, das Produkt vorstellende, Frau auf eine Art, die wie natürliche bzw. spontan gesprochene Sprache wirken soll.

[230] Fischer 1974, 271.

[231] Siehe hierzu auch Januschek 1974, 258.

[232] Lindner 1977, 110.

[233] Januschek 1974, 243.

Frauen seid weise
und vorsichtig!
Denkt an die Eigenart Eures Körpers! Gerade jetzt sind Erkältungen der edlen Organe an der Tagesordnung. Die Ursachen vieler Leiden! Die Reform-Damenbinde „Camelia" bietet Euch Schutz. Kein Kälte- und Nässegefühl! Die „Camelia" leistet Eurer Gesundheit einen unschätzbaren Dienst.
Sonstige Vorzüge: Weich, flaumig, aufsaugefähig (vor allem geruchaufsaugend). Abgerundete Ecken, vorzügliche Paßform und Anschmiegbarkeit, hauptsächlich in Verbindung mit dem neuen „Camelia"-Gürtel. Diskreteste und einfachste Vernichtung (i. W.-C.). In eigener, modernster Fabrik unter ständiger Kontrolle hergestellt.
Warnung vor minderwertigen Nachahmungen!
Nur Camelia ist Camelia!
Camelia
„Populär" Schachtel (10 St.) RM. 1.—
„Regulär" Schachtel (12 St.) RM. 1.50
„Extra stark" Schachtel (12 St.) RM. 1.75

1. Die Selbstdarstellung der Firmen

In diesem Kapitel werden die Herstellerfirmen, die Auftraggeber der hier untersuchten Werbespots, kurz vorgestellt. Dabei soll das jeweilige Verständnis dargestellt werden, welches die einzelnen Firmen von der heutigen Situation der Menstruation vermitteln. Ich möchte dies an den Informationsbroschüren, die die Firmen für ihre Kundinnen herausgeben, festmachen.

1.1 Das Tabu um die Menstruation existiert nicht mehr

Allgemein präsentieren sich alle drei Firmen sehr offen und fortschrittlich. So findet sich in den Informationsbroschüren[234], neben den Wörtern *Menstruation, Binde* und *Tampon,* auch die ungenierte Nennung von Geschlechtsorganen mitsamt graphischen Abbildungen.[235] Es scheint so, als hätte das Tabu seine Gül-

[234] Zu dieser Offenheit bleibt anzumerken, daß hier nur eine Teilöffentlichkeit angesprochen wird: Die der Frauen und Mädchen. Der Verbreitungsgrad dieser Broschüren wird nochmals eingegrenzt, insofern diese meist von den Firmen angefordert werden müssen. Daher liegt die Vermutung nahe, daß die Bereitschaft, über dieses Thema offen zu sprechen, innerhalb dieser Teilöffentlichkeit – Frauen und Mädchen – gewachsen ist. Dies muß aber nicht bedeuten, daß in der allgemeinen Öffentlichkeit das Thema in gleicher Weise behandelt wird. Siehe hierzu Kap. 4.2 (Teil I) sowie Kuhn 1987, 31/32.

[235] Juliane Westphal macht sich Gedanken über die Art der graphischen Darstellung des weiblichen Unterleibes in Gebrauchsanweisungen zur vaginalen Einführung von Präparaten und Gegenständen. Sie stellt fest, daß hier „die Zeichnung einer Hand zu sehen [ist], die einen Gegenstand vor den sogenannten Schnitt durch den Unterleib hält oder, noch öfter, in ihn einführt. Der anatomische Schnitt durch den Körper, in diesem Fall längs durch die Mitte, macht die Körperhälfte von innen sichtbar." Nach der eingehenden Betrachtung diverser ähnlich gelagerter graphischen Anweisungen, stellt sie fest: „Ich möchte meinen Körper nicht in diesen Gebrauchsanweisungszeichnungen wiederfinden, die sich in ihrer Darstellung wenig unterscheiden vom Beipackzettel meines Fahrradflickzeugs; die Empfindungen, die von meinen Organen herrühren, nicht mit diesen gepunkteten oder gestreiften Flächen in Verbindung bringen. Daß ich es aber doch tue, entlarvt sich durch Ekel und Abscheu [...]." Hier entsteht Ekel und Abscheu nicht aufgrund der ungenierten Darstellung des weiblichen Unterleibes. Sondern die reduzierte Darstellung des weiblichen Körpers, die nur das beinhaltet, was für die Einführung eines Tampons oder Vaginalzäpfchens notwendig ist – also keine Klitoris, keine Eierstöcke, kein Po-Loch u.a.m. – begleitet von dem Anschein eines sauberen, sterilen Körpers löst diese Gemütsbewegungen bei J. Westphal aus, da sie ihren Körper hier nicht wiederfinden kann. Denn nicht einmal die Ausscheidungen (z.B. Menstruationsblut) sind auf den Graphiken zu sehen. Juliane Westphals Resümee hierzu: „Meine Ausscheidungen retten mich [...], nicht nur weil sie auf dieser grafischen Unterleibsebene einfach nicht existieren und damit auf eine Realität außerhalb dieser Bilder verweisen. Sie lassen mich auch mein Köperinneres spüren, meine Organe, sozusagen als direktes Medium. Nicht zuletzt sind sie auch, im Gegensatz zu den Grafiken mit den klaren Linien, Begrenzungen und Flächen, ständig im Prozeß der Auflösung – und erinnern daran, daß Körper auch schmutzig und schleimig sind." TAZ 11.04.1996.

tigkeit verloren. Nach genauerer Untersuchung ergeben sich jedoch einige Widersprüche, die im folgenden kurz aufgezeigt werden sollen.

Camelia

Camelia kommt 1926 als erste Wegwerfbinde auf den Markt und bleibt bis Mitte der 50er Jahre das einzige Frauenhygieneprodukt.[236]

In dem Buch „60 Jahre Camelia. Eine Marke macht Karriere" wird die Geschichte des Produktes Camelia dargestellt. Die AutorInnen des Buches vermitteln, daß die Menstruation kein Tabu-Thema ist:

> Die Frauen fallen vor Schreck nicht mehr in Ohnmacht und reden auch nicht mehr verschämt über natürliche Vorgänge im weiblichen Körper. Für sie ist die Menstruation kein Tabuthema mehr. Sie sind aufgeklärt und stolz darauf, Frau zu sein.[237]

Zunächst, wenn ein Thema nicht tabuisiert ist, muß dieser Tatbestand der Nichttabuisierung auch nicht erwähnt werden. So ist es z.B. nicht tabuisiert, am Morgen einen Kaffee zu trinken. Und da niemand auf die Idee käme, diese Tätigkeit könnte tabu sein, muß die Nichttabuisierung dieser Tätigkeit nicht extra erwähnt werden.

Auffallend erschien mir die Formulierung: „Sie sind aufgeklärt und stolz darauf, Frau zu sein". Diese Aussage wäre nicht nötig, wenn es für jede Frau selbstverständlich wäre, „aufgeklärt" und auf ihr Frau-Sein „stolz" zu sein.[238] Diese Über-Betonung steht der ersten Aussage „Für sie ist die Menstruation kein Tabuthema mehr" entgegen. Außerdem ist diese Formulierung im Hinblick auf das Thema – Menstruation – nichtssagend: Es wird zwar festgestellt, daß die Frau aufgeklärt ist, aber nicht worüber sie aufgeklärt ist.[239]

Im ersten Abschnitt wird zwar gesagt, es gäbe keine Tabus. Aber die AutorInnen sind selbst nicht in der Lage, offene und konkrete Aussagen zu treffen.

[236] Camelia wird von der Firma VP-Schickedanz Vertriebs GmbH hergestellt. Zu dieser Firma gehören auch die Produkte Tempo, Moltex, Tampona, Demak'up und Bess. (Informationen von VP-Schickedanz.) Von VP-Schickedanz erhielt ich auf mein Schreiben hin u.a. folgendes Buch: „60 Jahre Camelia. Eine Marke macht Karriere".

[237] "60 Jahre Camelia. Eine Marke macht Karriere", S. 27.

[238] Im Zuge des neuen Selbstverständnisses der Frauen, vor allem auch durch die neue Frauenbewegung, ist die Formulierung: „Sie sind aufgeklärt und stolz darauf, Frau zu sein" allerdings geschickt gewählt. Denn heute gehört es fast zum guten Ton für eine Frau, aufgeklärt und selbstbewußt zu sein. VP-Schickedanz trifft mit dieser Formulierung den Zeitgeist und entgeht eventuell dem Selektierungsprozeß der Kundinnen. Siehe hierzu Kap. 1.1 (Teil III).

[239] Das Wort „aufgeklärt" kann bedeuten, daß die Frau heute mehr Kenntnisse über die *Menstruation und die natürlichen Vorgänge im weiblichen Körper* hat. Oder es kann bedeuten, daß die Frau aufgeklärter über ihre Situation in dieser Gesellschaft allgemein ist. Genauso stellt sich der Leserin die Frage, was es bedeutet, auf das Frau-Sein stolz zu sein. Ist die Frau von heute stolz auf ihre Menstruation oder auf andere „weibliche" Eigenschaften?

o.b.

Der o.b.-Tampon erschien 1950, als Alternative zur Binde, auf dem Markt; seitdem wird für dieses Produkt geworben.[240] In der Informationsbroschüre behauptet Johnson&Johnson, die Menstruation sei heute kein Tabu-Thema mehr. Hier ein Auszug aus „Die Regel. 'Wir haben noch ein paar Fragen'":

> Zum Glück ist die Regel heute kein Tabu-Thema mehr.[241]

Diese Aussage wird aber gleich im nächsten Satz wieder relativiert:

> Trotzdem wissen viele Mädchen noch nicht genau Bescheid über ihren Körper, die Regelblutung und die Menstruationshygiene. Meist trauen sie sich nicht, ihre Fragen zu stellen. Oder sie kennen niemanden, der sie vertraulich beantworten kann.[242]

Widersprüchlich ist hier, daß natürlich jedes Mädchen an jede beliebige Person in ihrer Umgebung Fragen zur Menstruation stellen könnte, wenn die Regel kein Tabu-Thema wäre. Da offensichtlich *viele Mädchen nicht genau Bescheid* wissen und sich auch nicht *trauen, Fragen zu stellen,* muß das Thema noch einem Tabu unterliegen.

Always

Die Always-Binde erschien erst 1991 und ist damit das neueste Produkt auf dem Markt.[243] Auch diese Aufklärungsbroschüre für Mädchen ist in einem offenen und informativen Stil gehalten. Die Firma nimmt nicht direkt dazu Stellung, ob Menstruation als Thema einem Tabu unterliegt. Durch in den Text gestreute Bemerkungen wird das Vorhandensein des Tabus indirekt thematisiert. Bei diesen Bemerkungen handelt es sich um Aussagen, die – in Anführungsstriche gesetzt – von jungen Mädchen zu sein scheinen.[244] So z.B. „Katrin":

240 Hergestellt wird o.b. von der Firma Johnson&Johnson. Außerdem stellt diese Firma noch Produkte zur „Frauenhygiene", „Körper- und Babypflege" und für den Klinik- und Dentalbereich her. Auf mein Schreiben hin hat mir die Firma Johnson&Johnson u. a. folgende Broschüre zugeschickt: „Die Regel. 'Wir haben noch ein paar Fragen'". Dieses Heft richtet sich an Mädchen und junge Frauen. (Informationen von Johnson&Johnson.)

241 "Die Regel. 'Wir haben noch ein paar Fragen'", S. 1.

242 "Die Regel. 'Wir haben noch ein paar Fragen'", S. 1.

243 Die Binde Always wird von der Procter & Gamble GmbH hergestellt. Diese Firma hat mir im Verhältnis zu den anderen beiden Firmen nur wenig Material zugeschickt: ein Informationsheft für Mädchen und einen Text: „Vom Flachs bis zur Ultra-Kern-Technologie – Monatshygiene im Spiegel der Zeit". Dieser Text ist nur mit Datum (1. Juli 1991) und Ortsangabe (Frankfurt) versehen. Er hat keine AutorIn(nen)-Angabe, geschweige denn ein Literatur- oder Quellenverzeichnis.

244 Das Mädchen, das diese Aussage gemacht haben soll, ist jeweils als Photo neben den Text plaziert.

> [...] Die ältere Schwester meiner Freundin hat uns gesagt [...], daß man während seiner Periode nicht baden und auch nicht beim Sportunterricht mitmachen könnte. Von meiner Mutter hab ich dann gehört, daß das nicht stimmt.[245]

An einer Stelle wird das Tabu angesprochen, aber nur in Bezug auf die Vergangenheit. In dem Text „Vom Flachs bis zur Ultra-Kern-Technologie – Monatshygiene im Spiegel der Zeit" heißt es: „Entweder galt sie [die Menstruation] als unheimlich und unrein oder als heiliges Mysterium – auf jeden Fall aber als Tabu."[246]

Procter&Gamble fallen bei dieser Betrachtung ein wenig aus dem Rahmen, da sie, jedenfalls in den mir zur Verfügung stehenden Materialien, keine direkte Aussage zum Tabu um die Menstruation heute machen. Hier kann allerdings ein Widerspruch gesehen werden, nämlich zwischen der Offenheit des Stils und den versteckt aufgegriffenen Tabus.

Zusammenfassend ist also festzustellen: Das Tabu existiert in den Broschüren von VP-Schickedanz und Johnson&Johnson trotz gegenteiliger Behauptung. Auch in der Broschüre von Procter&Gamble gibt es das Tabu, diese Firma behauptet allerdings nicht ausdrücklich, daß das Tabu heute nicht mehr existiert.

1.2 Wie wirbt man für ein tabuisiertes Produkt?

Im Gegensatz zu einem nicht tabuisierten Produkt, wie z.B. einer Zahnbürste, bringt der Verkauf und die Werbung für ein tabuisiertes Produkt einige Probleme mit sich. Erstens fällt es den KundInnen schwerer, ein tabuisiertes Produkt in der Öffentlichkeit zu kaufen[247], und zweitens ist es noch schwieriger, in der Öffentlichkeit für dieses Produkt zu werben, womit ein großer Bekanntheitsgrad des Produktes gefährdet ist. Somit ist die Imagearbeit bei einem tabuisierten Produkt nicht so einfach, da es eben durch die Tabuisierung nicht gesellschaftsfähig ist.

Da ein tabuisiertes Produkt meist auch mit einem Sprechverbot belegt ist, stellt sich die Frage: Wie kann eine Werbung aussehen, die für ein Produkt wirbt, dessen Name und (womöglich auch) dessen Verwendungszweck nicht ausgesprochen werden darf? Das Produkt bzw. der Zweck des Produktes darf nicht genannt werden, und trotzdem sollen die KundInnen Sinn und Zweck der

[245] Broschüre von Always: „Die Menstruation – Ein Informationsheft für Mädchen", S. 3.

[246] "Vom Flachs bis zur Ultra-Kern-Technologie – Monatshygiene im Spiegel der Zeit", S. 1.

[247] Zwischen 1926 und 1935 gab es die Möglichkeit, Camelia-Binden „diskret" zu kaufen: „Ein zusätzlicher Service für die Camelia-Käuferinnen war folgender: die Händler erhielten mit den bestellten Camelia-Binden weißes zugeschnittenes Papier, um die blauen Schachteln diskret verpacken zu können. Für die Käuferin selbst gab es Zettel mit der Aufschrift 'Bitte, geben Sie mir eine diskret verpackte Camelia-Schachtel.'" in: 60 Jahre Camelia. Eine Marke macht Karriere. Hg. v. Vereinigte Papierwerke AG, Nürnberg. S.11.

Werbung verstehen. Und welche Möglichkeiten gibt es, unter diesen Umständen dem tabuisierten Produkt dennoch ein attraktives Image zu vermitteln, obwohl es nicht gesellschaftsfähig ist? Im folgenden werden einige Möglichkeiten, wie die Werbung für tabuisierte Produkte aussehen könnte, diskutiert. Es besteht kein Anspruch auf Vollständigkeit.

- *Erstens:* Die Werbesendungen werden so formuliert, daß das Produkt und seine Verwendung nicht genannt bzw. gezeigt wird. Bei dieser Strategie müssen die ZuschauerInnen trotzdem erkennen können, um welches Produkt es sich handelt und wofür es benutzt werden kann. Es besteht also die Gefahr, daß das Publikum mit der Sendung nichts anzufangen weiß. Dieses Vorgehen setzt voraus, daß vor dem Bildschirm einige in das Thema „eingeweihte" Personen sitzen, die dann auch in der Lage wären, „uneingeweihten" Personen den Sachverhalt zu erklären.
- *Zweitens:* Das Produkt und/oder seine Anwendung werden verbal oder auch nonverbal (z.B. mit Euphemismen) umschrieben oder angedeutet, so daß die ZuschauerInnen aus dem Dargestellten selbst einen sinnvollen Schluß ziehen können. Auch in diesem Fall müssen die ZuschauerInnen auf eine bestimmte Weise sozialisiert sein, denn zum Verständnis von Andeutungen müssen immer auch ähnliche Erfahrungen bei SprecherIn und HörerIn vorausgesetzt werden. Bei dieser Strategie kann das Produkt (z.B. eine Binde) auf dem Bildschirm gezeigt werden, das Wort „Binde" wird aber nicht ausgesprochen. Hier ist die Produkterkennung für die ZuschauerIn viel leichter, und es kommt nicht zu einem peinlichen Tabubruch.
- *Drittens:* Die HerstellerIn startet eine Aufklärungskampagne mit dem Ziel, das existierende Tabu aufzubrechen. Durch mehr Information kann ein tabuisierter Gegenstand entmystifiziert werden.[248] Diese Aufklärungskampagne kann z.B. in Form von Broschüren durchgeführt werden. Die Werbespots im Fernsehen werden dabei wie unter *zweitens* weitergeführt.
- *Viertens:* Der Spot wird einfach so gedreht, als gäbe es kein Tabu. Dies ist natürlich die gewagteste Form und eigentlich nicht durchführbar. Da das Tabu in der Gesellschaft existiert, würde so eine Sendung wahrscheinlich gar nicht *gesehen* werden, weil alle Menschen beschämt weggucken müßten.[249] Vermutlich würde in diesem Fall eher der gesamte Spot tabuisiert werden.
- *Fünftens:* Die Werbenden erklären das Tabu für nicht existent, verfahren ansonsten so wie unter *zweitens* und *drittens.*

248 Courage 1979, 68.

249 Bei Tabu handelt es sich auch um ein psychologisches Problem. So schreibt Luchtenberg: „Die psychologische Forschung kennt noch andere Erscheinungsformen des Tabus, und zwar werden experimentell Wahrnehmungshemmungen gegenüber unangenehmen oder anstößigen Wörtern und Bildern registriert, d. h. also bereits im Vorstadium sprachlicher Äußerungen zeigen sich Tabuhemmungen." (Luchtenberg 1985, 19.)

Bei den Produkten o.b., Camelia und Always findet die fünfte der oben beschriebenen Möglichkeiten Verwendung: Die Firmen versuchen die Menschen über die Menstruation aufzuklären, um dem Tabu entgegenzuwirken. Gleichzeitig wird das Tabu in der Werbung respektiert, damit die ZuschauerInnen erreicht werden können.[250]

2. These: Die Firmen reproduzieren trotz gegenteiliger Propaganda das Tabu um die Menstruation

Wie in Kapitel 1 dargestellt, behaupten die Firmen Johnson&Johnson und VP-Schickedanz, daß das Thema Menstruation heute für Frauen kein Tabu mehr ist.

Meine These ist nun, daß genau diese Firmen, im Gegensatz zu ihrer Behauptung in den Broschüren, in den Werbespots für ihre Produkte das Tabu um die Menstruation respektieren und beachten. Und indem sie das Tabu respektieren, tragen sie dazu bei, daß sich das Tabu in der Gesellschaft verfestigt.

Zum Beweis dieser These sollen im folgenden drei Werbespots[251] auf den eventuellen Umgang mit Tabu untersucht werden.

250 Always fällt hier etwas heraus, da in den mir zugeschickten Broschüren nicht direkt gesagt wird, daß das Tabu nicht mehr existiert.

251 Die Firma Procter&Gamble, Herstellerin von Always, behauptet zwar nicht, daß das Tabu nicht mehr existiert, die Analyse dieses Werbespots bringt aber dennoch interessante Ergebnisse.

Plüsch und Pleureusen, Bleichsucht und Migräne bestimmten das Weltbild der Dame von einst. Zerbrechlich und hilflos ließ sie vieles über sich ergehen. Sie war es gewöhnt, alles hinzunehmen, was man für richtig hielt, und manchmal sogar ganz zu verzichten — auf jede Tätigkeit, jede Freude

Lebensfreude — diese Auffassung kennzeichnet die moderne Frau. Sie ist jederzeit fröhlich und unternehmungslustig. Sie weiß, wie einfach es im Grunde ist, immer ganz „in Form“ zu sein und keinen einzigen kostbaren Tag mehr zu verlieren

Bei allem Respekt vor Großmama …

Es hat etwas Rührendes, heute an die angeblich so „gute, alte Zeit“ zurückzudenken. Man möchte Großmama gern beneiden, aber eigentlich bedauert man sie nur. Geschnürt, verhüllt und zugeknöpft bis zum Kinn trippelte sie durchs Leben, bleichsüchtig und empfindlich wie eine Mimose, weil es der Geist der Zeit um die Jahrhundertwende so wollte. Und merkwürdigerweise – allem Fortschritt zum Trotz — vermochte sie ihre fast mittelalterliche Auffassung von Hygiene und Körperpflege in geheimnisvollen Andeutungen auch auf die nachfolgende Generation zu übertragen.

Doch bei allem Respekt vor Großmama: Die moderne Frau kann und will es sich nicht leisten, jeden Monat soundso viele Tage durch „Unpäßlichkeit“ zu verlieren. Sie hat es auch gar nicht nötig. Gibt ihr doch die fortschrittliche Tampon-Hygiene jene Unabhängigkeit, die sie zur Erfüllung ihrer Pflichten als Hausfrau, Mutter oder im Beruf dringend braucht. Über ihre Erfahrungen aber spricht sie sich offen aus. Sie sagt zur Freundin, zur Tochter:

heute nur noch o.b.

o.b.-Tampons sind nicht zu spüren, tragen nicht auf und verursachen kein Druckgefühl. Sie ermöglichen es, so beweglich zu bleiben wie sonst. o.b.-Tampons sind in allen westeuropäischen Ländern erhältlich

„Gewagt“ und „nicht ganz schicklich“ — so wurde vieles bezeichnet, was auch die Dame der Jahrhundertwende so gern schon mitgemacht hätte. Und man glaubte außerdem, daß es ihr schaden könnte, wenn sie gar an Tagen der „Migräne“ Sport trieb, in froher Gesellschaft tanzte oder spazieren ging

Jederzeit unbekümmert und fröhlich, so zeigt sich die moderne Frau. Sie ist frei von veralteten Anschauungen. Sie kann sich stets natürlich bewegen und anziehen, was ihr gefällt. Denn sie schätzt eine neue Hygiene, die weder stört noch hinderlich ist, die diskret bleibt und immer völlige Sicherheit gibt. Nun darf sie auch an diesen Tagen tun, was ihr an anderen Freude macht. Ja, so ist das Leben auf einmal um vieles leichter! 1057

3. Analyse der Werbesendungen

3.1 Auswahlkriterien

Das Korpus beinhaltet drei Werbesendungen der Binden- und Tamponhersteller, die in privaten wie auch in öffentlich rechtlichen Sendern ausgestrahlt werden. In diesen drei Sendungen wird für die Produkte o.b., Camelia und Always geworben. Bei o.b. handelt es sich um ein Tampon, bei den beiden anderen Produkten um Binden. Alle Spots sind ca. 29 Sekunden lang. Aufnahme im Frühjahr 1994. Teilnehmende Personen sind Frauen.

Die drei Spots sind zufällig ausgewählt worden. Alle drei Firmen senden im Fernsehen noch andere Spots zu ihren Produkten. An diesen drei Spots soll exemplarisch gearbeitet werden.

3.2 Methode

Als Basis meiner Untersuchung gehe ich von folgenden Punkten aus:

- Die Firmen behaupten: Menstruation ist kein Tabuthema mehr. Also müßten die Werbespots tabufrei sein und das Tabu um die Menstruation nicht verstärken.

- *Ziel:* Der Beweis meiner These durch den Nachweis von Tabuisierung in den Spots.
- *Beweismittel:* Da Tabus durch die sprachliche Form der Euphemismen ausgedrückt werden, soll ihr Vorkommen im Text als Beweismittel dienen.
- *Durchführung:* Die Texte müssen auf Euphemismen untersucht werden. Diese werden dargestellt, interpretiert und analysiert. Euphemismen treten in unterschiedlichen Stilformen auf, z.B. Metapher, Andeutung, Synonym. Allerdings werden nicht alle gefundenen Stilformen automatisch auch Euphemismen und damit Anzeiger für eine Tabuzone sein. Hier muß jede Stilform in ihrer Semantik und anhand des Kontextes abgewogen werden. Außerdem ist in einigen Fällen eine Unterscheidung von verhüllenden und verschleiernden Euphemismen nach Luchtenberg nötig.[252]
- *Interpretationsmethode:* In Anlehnung an die Methode von Franz Januschek[253] zur Kommunikationsanalyse werde ich diese Wörter und Sätze nach folgenden Gesichtspunkten in einer Art Mikroanalyse untersuchen:

[252] Siehe hierzu Kap. 3.1 (Teil I).
[253] Januschek 1986, 16 f.

Jede einzelne Aussage ist auf folgende Punkte hin zu untersuchen :

- Befinden sich im Text Umschreibungen? Welche Stilform hat die Umschreibung? Gibt es zur Umschreibung bzw. zur Aussage verschiedene Lesarten?
- Ist diese Umschreibung ein Euphemismus? In welcher Stilform ist der Euphemismus sprachlich realisiert?
- Wie ist das Verhältnis von Euphemismus und eigentlichem Ausdruck?
  a Was ist der gemeinsame Aspekt zum Wortinhalt?
  b Welcher Nebensinn wäre denkbar?
- Welches Thema oder welches Wort soll durch den Euphemismus beschrieben werden?
  a Was ist die Intention bzw. Wirkung des Euphemismus'?
- Welche Alternativen gibt es an Stelle des Euphemismus'?

Untersuchung zum gesamten Text:

- Welche Wörter, die eindeutig mit dem Thema Menstruation verknüpft sind, werden unmißverständlich genannt?

Januschek benutzte dieses Verfahren zur Untersuchung eines Unterrichtsgespräches. Bei meinen Texten handelt es sich nicht, wie in einem Unterrichtsgespräch, um spontan gesprochene Sprache. Trotzdem eignet sich die oben beschriebene Methode für die Werbetexte, da diese wie spontan gesprochene Sprache erscheinen sollen.

Diese Methode ist gut für die Untersuchung auf Tabus geeignet, da mit ihr verschiedene Lesarten der Euphemismen gezeigt werden und alternative Formulierungen genannt werden, die zur Enttarnung des Tabus beitragen können.

Ich werde an den gefundenen Umschreibungen nicht jeden einzelnen der oben aufgeführten Punkte durchgehen. Dieses Schema ist als vorläufige Gliederung gedacht. Wenn einer der Punkte keine nennenswerte Ergebnisse liefern kann, so wird er auch nicht weiter verfolgt.

3.3 Probleme

Schwierig war es, mit dem Videorecorder einen Werbespot zu „erwischen". Diese Spots tauchten doch nicht so häufig im Fernsehen auf, wie ich es erwartet hatte. Ich mußte regelrecht Jagd auf sie machen.

Bei einem Text, den wir einmal hören oder nur überfliegen, sind wir darin geübt, eventuelle Umschreibungen, auch wenn diese den wahren Sachverhalt nur vage andeuten, zu durchschauen. Diese Umschreibungen werden ebenso wie kleine Sprechfehler nicht bewußt aufgenommen und im Kopf automatisch korrigiert bzw. entziffert. Bei der Analyse mußte und konnte, durch die Arbeit mit transkribierten Texten, diesem Automatismus entgegengearbeitet werden.

Die jeweiligen alternativen Formulierungen nach „gutem Geschmack" bzw. „gesellschaftsfähig" einzuordnen, kann nur subjektiv entschieden werden. Um sicherere Aussagen machen zu können, müßte ich eigentlich eine repräsentative Umfrage starten, und selbst mit so einer Untersuchung könnten nur Tendenzen aufgezeigt werden. Da meine Person auch ein Mitglied dieser Gesellschaft ist, ist eine gewisse Kompetenz vorhanden, die oben beschriebenen Tendenzen zu kennen.

3.4 Durchführung

Zur Untersuchung sind die drei Werbespots[254] transkribiert worden. Auf die visuellen Auffälligkeiten gehe ich nur ein, wenn es für die Sprache relevant ist.

o.b.

In diesem Spot hält eine junge Frau, die als die Schriftstellerin Roberta Stein[255] vorgestellt wird, eine Rede über das Produkt o.b. Sie befindet sich dabei in einem häuslichen Büro. Der gesamte Text wird gesprochen. Der Spot ist nicht mit Musik unterlegt.

RS beginnt ihren Vortrag:

RS: Dieses kleine Stück Watte hat vielleicht mehr für die Freiheit und das Selbstbewußtsein der Frau geta:n (.) als jedes andere Produkt

Bei der Formulierung *„Dieses kleine Stück Watte"* handelt es sich um eine Periphrase in Form eines Understatement. Ein Tampon ist nicht nur ein kleines Stück Watte, wie einfache Haushaltswatte, sondern ein mit größerem Aufwand hergestelltes Produkt.

Die Umschreibung steht in der gesellschaftlichen Akzeptanz auf der gleichen Ebene wie der Ausdruck 'Tampon'. Das Wort 'Tampon' gehört in unserer Gesellschaft nicht mehr zum „Unaussprechlichen". RS hätte also auch ohne weiteres statt „Dieses kleine Stück Watte" das Wort 'Tampon' benutzen können. Daher handelt es sich bei der Formulierung „Dieses kleine Stück Watte" nicht um einen Euphemismus.

Da in den anderen untersuchten Werbespots aber weder das Wort 'Tampon' noch 'Binde' benutzt wird, könnte genausogut das Gegenteil zutreffen: nämlich, daß das Wort 'Tampon' in der Öffentlichkeit *nicht* ohne weiteres ausgesprochen werden darf.[256] Wenn es sich hier um einen Tabubruch handelt, ließe sich auch

[254] Das Verzeichnis der Transkriptionszeichen und die drei Texte befinden sich im Anhang.
[255] Im folgenden RS.
[256] Siehe hierzu auch die Analyse der anderen beiden Spots, in denen diese Wörter nicht ausgesprochen werden.

vermuten, daß gerade zu Beginn des Spots auf das Wort 'Tampon' lieber verzichtet wird, damit die ZuschauerInnen sich nicht schon zu Beginn beschämt abwenden. Wenn diese Vermutung zutrifft, stellt die spätere Verwendung des Wortes 'Tampon' in diesem o.b.-Spot einen Tabubruch dar.[257]

Genauso kann die Formulierung „Dieses kleine Stück Watte" zu Beginn des Werbespots als rhetorische Figur gesehen werden, mit der die Aufmerksamkeit der ZuschauerInnen geweckt werden soll. Die Formulierung „Dieses kleine Stück Watte" löst eine Assoziationskette aus: von leicht, luftig bis harmlos und unschuldig.

Wenn RS in diesem Zusammenhang von 'diese gepreßte Watte' oder auch nur von 'diesem Tampon' gesprochen hätte, wäre die Wirkung eine andere. Die Formulierung 'gepreßte Watte' wirkt schwer und massig. Hätte RS die Formulierung 'dieser kleine Tampon' gewählt, würde die oben genannte Assoziationskette nicht stattfinden. Ein Tampon ist eben nur ein Gebrauchsgegenstand, der als Fremdkörper und als unnatürlich gesehen werden kann. Gerade bei einem Tampon, das ja in die Scheide der Frau eingeführt wird, ist es wichtig, die Harmlosigkeit und Natürlichkeit des Produktes zu betonen, um den Verbraucherinnen die Angst vor der Verwendung dieses Produktes zu nehmen. Die Formulierung „Dieses kleine Stück Watte" soll hierzu beitragen. In diesem Fall handelt es sich um einen Euphemismus, der eine beschönigende Wirkung haben soll.

Für die Formulierung „Dieses kleine Stück Watte" lassen sich also unterschiedliche Lesarten finden. Sie kann sowohl euphemistisch als auch nicht euphemistisch betrachtet werden. Ob die Nennung des Wortes 'Tampon' in diesem Falle ein Tabu unterliegt, kann an dieser Stelle nicht eindeutig entschieden werden.

In dem Maße, wie „Dieses kleine Stück Watte" eine Untertreibung darstellt, ist die Aussage: „hat vielleicht mehr für die Freiheit und das Selbstbewußtsein der *Frau* geta:n (.) als jedes andere Produkt „ eine Übertreibung. Dem o.b. wird eine überdimensionale Bedeutung im Zusammenhang mit der sog. Befreiung der Frauen zugeschrieben.

In diesem Zusammenhang bekommt die gesamte Aussage eine euphemistische, d.h. in diesem Falle beschönigende Bedeutung. Es handelt sich dabei nicht um eine Tabu-Umgehung.

Bei „Freiheit" und „Selbstbewußtsein der Frau" handelt es sich um Leerformeln, die von den ZuschauerInnen mit vielseitigem Inhalt gefüllt werden können. Worin diese „Freiheit" und das „Selbstbewußtsein der Frau" nun speziell liegt, bzw. was ein Tampon mit diesem Sachverhalt zu tun hat, wird der Phantasie und dem Vorstellungsvermögen der ZuschauerIn überlassen. Die Aussage hat eine euphemistische Bedeutung in dem Sinne, daß wir in einem Patriarchat leben, in dem Freiheit und Selbstbewußtsein für Frauen eine andere Bedeutung

[257] Zu Tabubruch in diesem Spot siehe Kap. 4 (Teil IV).

Camelia
Einfachste und diskrete Vernichtung ermöglicht
Camelia
Rekord Mk. -.50
Populär " -.90
Regulär " 1.35
Extra stark " 1.50
Die ideale Reform-Damenbinde

als für Männer haben kann. Diese beiden Formulierungen können als verschleiernde Euphemismen gesehen werden.[258]

Die Worte „vielleicht" und „mehr" bewahren den Satz vor der Lüge. Durch die Formulierung „als jedes andere Produkt" wird die Überheblichkeit des ersten Teils der Aussage wieder relativiert. Schließlich ist es nicht mehr eine so große Leistung, wenn dieses „kleine Stück Watte" „vielleicht mehr für die Freiheit und das Selbstbewußtsein der *Frau* geta:n [hat](.) als jedes andere Produkt". *Jedes* andere Produkt kann schließlich auch Margarine oder Schuhcreme, eben alle anderen Produkte, sein. So betrachtet, ist die Leistung des Tampons eine geringere, als es zu Beginn schien.

Bei der Formulierung „als jedes andere Produkt" handelt es sich um eine intellektualisierende Redewendung. Hier wird deutlich, daß RS den o.b.-Tampon aus einer gewissen Distanz heraus beschreibt. Sie ist eine gebildete Frau, die aus der wissenschaftlichen Perspektive heraus und nicht aus eigener Erfahrung[259] für das Produkt spricht.

Paraphrase: Der o.b.-Tampon hat sich mehr für die Emanzipation der Frau eingesetzt als andere Produkte.

In der Paraphrase zeigt sich das Understatement deutlich: Obwohl es sich beim o.b. nur um ein „kleines Stück Watte" handelt, wird es als Subjekt dargestellt, das viel für die Emanzipation der Frauen getan hat, jedenfalls mehr als andere Produkte.

In dem nächsten Teil ihres Vortrags wendet sich RS den Eigenschaften eines Tampons zu:

*RS: denn ein Tampon <u>ist</u> nicht nur sicher (.) er <u>macht</u> sicher (.) deshalb spreche ich für o.b. (.)**

Auffällig ist hier die Wortwiederholung von „sicher". Das erste „sicher" weist auf die Sicherheit des Tampons, das zweite „sicher" auf die Sicherheit, die eine Frau durch den Tampon bekommt.

Das Wort „sicher" ist die Anspielung auf eine Gefahr, die nicht genannt werden muß (da sie vermutlich allgemein bekannt ist) und/oder nicht genannt werden darf (da das Aussprechen dieser Gefahr anstößig ist). RS berichtet zwar, daß ein Tampon schützt, aber sie sagt nicht, wovor er schützen soll. Auch

258 Diese Formulierungen werden verwendet, um bestimmte Zielgruppen zu erreichen, nämlich die Frauen, denen Freiheit und Selbstbewußtsein wichtig ist. Hier kommen die Werbenden den Einstellungen und Wünschen der emanzipierten Frauen entgegen, um deren Vertrauen zu erlangen. Siehe Kap. 1.1 (Teil III).

259 Diese Haltung erinnert an die der ExpertInnen Kap. 4.2 (Teil I), die auch aus einer Distanz heraus die Tabus 'der anderen' beurteilen.

erwähnt sie nicht, wer dieser „unbekannten" Gefahr ausgesetzt ist. Offen bleibt ebenso, wie o.b. schützt. Hat der Tampon eine besondere Eigenschaft?

Um welche Gefahr es sich handelt, läßt sich natürlich leicht vermuten: Ein o.b. schützt die Frau davor, daß Menstruationsblut in die äußere Bekleidung fließt. An den Blutspuren könnte die menstruierende Frau von ihren Mitmenschen als solche erkannt werden.

RS könnte also auch sagen:

1. Ich spreche hier für das Produkt o.b., da es Sie während ihrer Menstruation davor bewahrt, daß das Menstruationsblut in ihre Hose läuft und dort häßliche Flecken macht und auch noch von allen gesehen werden kann.
2. Durch dieses Produkt werden Sie davor geschützt, daß Ihren Mitmenschen bewußt wird, daß Sie gerade menstruieren, da es durch seine extreme Saugfähigkeit über längere Zeit hinweg ihr Menstruationsblut in der Vagina halten kann. So läuft es nicht durch die Hose aus und befleckt nicht Ihren Bürosessel.

Ganz abgesehen davon, daß diese beiden Alternativsätze für einen Werbespot viel zu lang(weilig) und zu umständlich formuliert sind, könnte RS die Ängste, die Frauen in bezug auf ihre Menstruation haben, nicht so direkt aussprechen. Diese Ängste der Frauen sind tabu, so daß ihr Ansprechen gegen den guten Geschmack verstoßen würde.

Bei dem Wort „sicher" handelt es sich also um einen verhüllenden Euphemismus, da hiermit die nicht aussprechbare Gefahr angedeutet wird. Die Intention des Euphemismus liegt hier eindeutig in der Schonung der ZuschauerInnen. RS fährt fort:

RS: denn ein o.b. bleibt nicht außen vor wie eine Binde (.) sondern nimmt die Regel ganz natürlich da auf wo sie passiert im Innern des Körpers*

Bei den Satzteilen „außen vor", „da [ ] wo sie passiert" und „im Innern des Körpers" handelt es sich um Umschreibungen.

In allen drei Fällen wird ein bestimmter Ort angedeutet. Mit „außen vor" ist vermutlich 'an der Scheide' oder 'an den Schamlippen' gemeint. Mit „außen vor" wird dieser Ort vage angedeutet. Es handelt sich um eine Verallgemeinerung. In „denn ein o.b. bleibt nicht außen vor wie eine Binde" wird nicht gesagt, vor *was* die Binde „davor" bleibt.

Der Ausdruck „außen vor bleib[en]" kann auch im Sinne einer Redewendung verstanden werden. Eine Person, die „außen vor" „ bleibt", ist z.B. von einer bestimmten Gesellschaft ausgeschlossen oder bekommt keinen Zugang zu ihr. In diesem Fall bekommt die Binde keinen Zugang zum „Innern des Körpers".

Euphemismus und eigentlich Gemeintes liegen semantisch weit auseinander. „außen vor" ist ein weiter Begriff, und trotzdem wissen alle, was hiermit gemeint ist. Ob RS nun „außen vor" sagt oder 'an den Schamlippen' oder 'in der Unterhose', ist ein großer Unterschied. Die beiden letzteren Formulierungen sind in der Öffentlichkeit gesellschaftlich nicht tolerierte Wendungen. Sie verstoßen gegen den „guten Geschmack".

Durch die Wortwahl „im Innern des Körpers" wird der Aufenthaltsort des Tampons sowie der Entstehungsort der Menstruation angedeutet. Denn im „Innern des Körpers" befinden sich sämtliche Organe, Knochen, Gewebeteilchen u. a. Der o.b. wird aber nur in einen bestimmten Teil des Körpers eingeführt, und zwar in die Scheide. Und dies ist nicht der Ort, an dem die Regel „passiert". Das Blut kommt zwar aus der Scheide, aber es entsteht in der Gebärmutter. Hier wird also ein gemeinsamer Aspekt betont, der aber nicht der entscheidende ist. Beide Orte befinden sich natürlich auch „im Innern des Körpers". So, wie der Satz von RS formuliert ist, kann die ZuschauerIn auch den Schluß ziehen, der Ort, an dem die Regel „passiert", und der Ort, an dem der o.b.-Tampon sich befindet, seien ein und derselbe Ort.

Es scheint also, als ob der Einsatzort des o.b. derselbe ist, wie der Entstehungsort der Menstruation, und durch diese Formulierung entsteht der Eindruck, daß ein o.b. die 'Quelle' der Menstruation an Ort und Stelle verschließen kann. (Die Menstruation kann nicht mehr unkontrolliert aus dem Körper herauslaufen.)

Die beiden Satzteile „außen vor" und „im Innern des Körpers" werden zur Vermeidung von tabuisierten Wörtern benutzt. Eine alternative Formulierung könnte nämlich auch lauten:

Paraphrase: Denn ein o.b. fängt das Menstruationsblut nicht nur von außen an den Schamlippen auf, wie es eine Binde tut, sondern wirkt direkt in der Vagina der Frau, da wo die Menstruation entsteht.[260]

Während RS „im Innern des Körpers" ausspricht, schließt sich ihre Hand demonstrativ um den o.b.-Tampon, den sie in der Hand hält. Die Hand wird zur Vagina und RS kann so den Ort des o.b. „im Innern des Körpers" andeuten, ohne ihn aussprechen zu müssen. Diese Demonstration ist ein nonverbaler Euphemismus. Äußerst geschickt ist in dem letzten Teil des Satzes noch das Wort „natürlich" eingesetzt worden. Mit „natürlich" werden zwei Sachverhalte bezeichnet. Einmal ist es „natürlich", daß die Regel „im Innern des Körpers" „passiert", und es ist „natürlich", daß das o.b. an dieser Stelle zum Einsatz kommt. Letzteres wird mit ersterem begründet. Also: Weil es natürlich ist, daß die Regel im Innern des Körpers entsteht, ist es auch natürlich, daß das o.b. im Innern des Körpers ist.

Das Geschehen der Menstruation als „natürlich" zu bezeichnen zeigt, daß die Menstruation eben doch noch nicht so „natürlich" ist. Das Wort „natürlich" kann auch im Sinne von 'normal' gelesen werden. Hier muß also betont werden, daß

260 Das Menstruationsblut entsteht natürlich nicht in der Vagina, sondern in der Gebärmutter.

die Menstruation ganz „natürlich“ und ‘normal’ ist. Vielleicht wollten die MacherInnen des Spots gerade durch die Betonung auf das Natürliche der Regel zur Beseitigung des Tabus beitragen. Diese Betonung ist nur notwendig, wenn der betonte Sachverhalt eben nicht etabliert ist. Durch diese Formulierung wird also erstens gezeigt, daß hier ein Tabu in der Gesellschaft existiert, und zweitens wird durch die Wortwahl das Tabu gestärkt. Bei der Verbindung von dem Wort „natürlich“ mit dem Produkt o.b. werden bei den ZuschauerInnen bestimmte Assoziationen ausgelöst, die das Produkt positiver erscheinen lassen.

Bei „natürlich“ handelt es sich also um einen Euphemismus. Die euphemistische Intention liegt hier in der Beschönigung des Produktes (im Sinne von Verschleierung) und im Tabubereich.

Da, wie weiter oben schon einmal erläutert, bei dem Produkt ‘Tampon’ leicht die Gefahr besteht, daß er als Fremdkörper betrachtet wird, wird auch an dieser Stelle durch das Wort „natürlich“ die Natürlichkeit und damit auch die Unbedenklichkeit bei der Benutzung des Produktes hervorgehoben. Das Wort „natürlich“ geht im assoziativen Sinne in eine ähnliche Richtung wie die erste Formulierung „dieses kleine Stück Watte“. Mit beiden Formulierungen wird dem Fremdkörper-Image eines Tampons entgegengewirkt. Vielmehr liegt die Betonung hier auf die Harmlosigkeit des Produktes, um den Frauen die eventuell vorhandene Scheu vor der Benutzung eines Tampons zu nehmen.

In diesem Fall wird das Wort „natürlich“ nicht als Ersatz für ein nicht gesellschaftsfähiges und damit tabuisiertes Wort benutzt. Hier ist allein die Betonung der Natürlichkeit der Menstruation ein Zeichen dafür, daß dieser Vorgang in unserer Gesellschaft tabuisiert ist.

Auch mit der Formulierung „des Körpers“ ist ein weiter Bereich abgedeckt. Natürlich werden alle ZuschauerInnen annehmen, daß es sich um einen menschlichen und speziell um einen weiblichen Körper handelt. RS könnte auch sagen: ‘im Innern des weiblichen Körpers’ oder ‘im Innern Ihres Körpers’. Der Körper wird wie eine abstrakte Sache angesprochen, mit der die Menschen der Zielgruppe nichts zu tun haben. In dem Sinne kann auch „des Körpers“ als Euphemismus betrachtet werden. Hier wird das Tabu des Körperlichen umschrieben.

Mit der Formulierung ‘im Innern Ihres Körpers’ hätte RS die Zuschauerinnen direkt angesprochen und auf diese Weise mit der Menstruation in Verbindung gebracht. Gerade das soll allerdings vermieden werden, denn, wie wir später noch sehen werden, ist es gerade durch o.b. möglich, daß die Menstruation unsichtbar geschieht. Auf diese Weise erfährt niemand, daß eine Frau menstruiert. Da dies ein Ziel des Produktes ist, darf in diesem Werbespot das Geschehen der Menstruation niemandem zugeschrieben werden. Außerdem handelt es sich bei der Menstruation, wie sich bis hierher schon genügend gezeigt hat, um ein Tabu. Gerade so eine tabuisierte Angelegenheit darf nicht mit den ZuschauerInnen in Verbindung gebracht werden.

Das Wort „passiert“ scheint in diesem Zusammenhang auch nicht so recht zu passen. Das Wort „passieren“ wird eher im Sinne von ‘geschehen’ oder ‘sich ereignen' benutzt, und zwar von etwas Unangenehmen oder Ungewollten. Also z.B. 'mir ist eine Panne passiert' oder 'Hoffentlich ist nichts passiert'. Zur Menstruation paßt besser das Wort 'entstehen'. RS könnte hier also 'von dem Ort reden, an dem die Menstruation *entsteht*'.

Die Wörter 'entstehen' und „passieren" können allerdings nicht ohne weiteres ausgetauscht werden, da der Satz mit dem Wort 'entstehen' zu einer falschen Aussage wird. In diesem Fall wäre der Ort, an dem die Regel entsteht, tatsächlich auch derselbe Ort, an dem das o.b. zum Einsatz kommt, was biologisch nicht möglich ist.

RS: man sieht nichts man riecht nichts und außen bleibt alles ganz angenehm sauber

Das Wort „man" kann zwei Bedeutungen haben. Einmal könnte es mit zwei 'n' und groß, also wie 'Mann' geschrieben werden. Als zweites könnte es sich um das Indefinitivpronomen 'man' handeln. Bei 'man' handelt es sich um die verallgemeinerte Formulierung für einen Mitmenschen oder die Menschheit allgemein. Entweder sollen also die Männer nichts sehen oder riechen oder die gesamte Menschheit. Bei dem Wort „man(n)" handelt es sich also um eine Polysemie, die auch durch den Kontext nicht eindeutig beseitigt werden kann.

Theoretisch könnte RS statt „man(n)" ohne weiteres auch 'niemand' benutzen : *'niemand sieht etwas niemand riecht etwas'*

Die Aussage hat sich jetzt allerdings sehr verändert: aus „nichts" wurde 'etwas'. Die Verneinung liegt jetzt in dem Wort 'niemand'. Der Unterschied ist erstaunlich: 'etwas' ist bedeutend mehr (in Sinne von Quantität) als „nichts". Es macht einen Unterschied, ob 'etwas' da ist oder ob „nichts" da ist. Bei „man(n)" handelt es sich um ein Indiz für eine Tabuformulierung. Das Wort „man(n)" wird in diesem Fall als verallgemeinernde Formulierung benutzt, um die Personen, die eigentlich gemeint sind, nicht aussprechen zu müssen. „man(n)" wird in diesem Zusammenhang in euphemistischer Absicht eingesetzt.

Das Wort „nichts" deutet an, daß etwas gesehen oder gerochen werden könnte. RS erwähnt allerdings nicht, um was es sich hier handelt. Der o.b.-Tampon ist anscheinend so wirkungsvoll, daß dieses 'etwas' zu einem „nichts" geworden ist. Bei dieser Wortwahl handelt es sich um einen psychologischen Kniff, denn natürlich ist es unlogisch, daß der Tampon etwas zum verschwinden bringt. Bei dem Wort „nichts" handelt es sich um einen Euphemismus. Das Unangenehme, das gesehen oder gerochen werden könnte, ist somit nicht ausgesprochen worden und zu einem „nichts" geworden. Das Wort „nichts" steht in diesem Fall vermutlich für das Wort 'Menstruationsblut'.

In dem zweiten Teil dieses Abschnittes befindet sich eine weitere Umschreibung. Wieder ist es das Wort „außen". In „und außen bleibt alles ganz angenehm sauber" steht „außen" für einen nicht näher beschriebenen Ort. Durch den Kontext läßt sich allerdings schließen, daß es sich um einen Ort außerhalb des

Körpers handeln muß. Dies kann die Unterhose der Person, die Jeans oder die gesamte Außenwelt, mitsamt allen Mitmenschen, sein. Diese ganze Außenwelt bleibt dank o.b. „ganz angenehm sauber". Auch hier handelt es sich um einen Euphemismus.

Mit dem Wort „alles" wird noch einmal bekräftigt, daß nicht nur „außen", sondern sogar „alles" sauber bleibt. Was in diesem „alles" enthalten ist, bleibt offen, genauso, wie immer noch nicht geklärt wurde, 'was' diese Dinge oder Orte 'schmutzig' machen könnte.

Paraphrase: Niemand kann das Blut sehen oder riechen, und auch die Hose und die äußeren Geschlechtsorgane bleiben angenehm sauber.

RS: o.b. damit die Regel sauber und diskret abläuft

Hierbei handelt es sich um eine Ellipse. In dem Satz fehlt die Aufforderung: z.B. 'Benutzen Sie o.b.' oder 'Kaufen Sie o.b.' Durch die Ellipsenform wird niemand direkt aufgefordert. RS sagt nicht 'o.b. damit Ihre Regel sauber und diskret abläuft', sondern sie spricht von „der Regel". Durch die fehlende direkte Aufforderung zum Kauf oder zur Benutzung des Produktes und der allgemeinen Formulierung von „der Regel" wird vermieden, daß irgendwelche Personen, geschweige denn die Zuschauerinnen, mit „der Regel" in Verbindung gebracht werden. Auch in diesem Fall handelt es sich um Euphemismen, die auf einen Tabubereich weisen. In unserer Gesellschaft entspricht es nicht dem 'guten Geschmack', ein tabuisiertes Geschehen bestimmten Personen zuzuschreiben.

Bei diesem letzten Teil des Vortrags ist das Wort „diskret" interessant. Hier wird ein Fremdwort als Euphemismus benutzt. Das Wort „diskret" ist sehr allgemein gehalten und kann vielseitig verwendet werden.[261] Was bedeutet es konkret, wenn „die Regel diskret abläuft"? Für wen soll die Regel diskret sein, und warum?

Mit o.b. läuft die Regel „*ab*" und nicht 'aus'. RS hätte ja auch sagen können: 'o.b. damit die Regel sauber und diskret ausläuft'

Das Wort 'ausläuft' bekommt in diesem Zusammenhang etwas Anzügliches. Diese Formulierung wäre unmöglich. Außerdem ist der gesamte Werbespot dahingehend angelegt, daß gerade ein o.b. dafür sorgt, daß die Frau nicht 'ausläuft'. Dieses Wort würde bei den ZuschauerInnen die falschen Assoziationen auslösen. Das Wort" abläuft" wird in dem Sinne also auch euphemistisch gebraucht.

[261] So ist „diskret" ein Synonym für *taktvoll* in der Formulierung „sich diskret abwenden", für *unauffällig* in „diskreter Hinweis", für *vertraulich* in „ein diskreter Hinweis" und für *sehr persönlich* in „eine diskrete Frage stellen". (Duden. Das Bedeutungswörterbuch. Mannheim: Dudenverlag 1970). Bd. 10.

Das Wort „abläuft" kann auch wie folgt benutzt werden: 'Die Badewanne ist abgelaufen'. Oder: 'Das ist noch mal gut abgelaufen' (im Sinne von: Das ist noch mal gutgegangen). Oder im Sinne von 'zu Ende sein': z.B. 'die Frist ist abgelaufen'. Alle diese Lesarten passen auf den Satz: „o.b. damit die Regel sauber und diskret abläuft"

Die Regel soll laufen, wenn sie denn schon passiert, aber unsichtbar.

Die Wörter, die sich in diesem Spot direkt auf die Menstruation beziehen, sind „Tampon" Zeile 5, „Binde" Zeile 7 und „Regel" in Zeile 9. Außerdem wird das Produkt, also ein Tampon eingeblendet.

Die Abkürzung o.b. könnte für 'ohne Binde' oder aus dem medizinischen für 'ohne Befund' stehen. Außerdem erinnert die Abkürzung o.b. an die Abkürzung o.k. Also, mit o.b. ist alles o.k.

Camelia

In diesem Spot gibt es keine Person, die direkt mit Namen vorgestellt wird. Es gibt nur eine Frau, die mit dem Fahrrad an einer Küste entlang fährt, und die sehr sportlich, jung und schön aussieht. Eine weibliche Stimme aus dem Off ertönt und spricht in einem Monolog über das Produkt. Während des gesamten Spots läuft im Hintergrund eine sanfte Musik.

Der Spot beginnt mit dem Blick auf eine felsige Meeresküste. Die Stimme aus dem Off beginnt mit der Vorstellung des Produktes:

Off: Camelia Plus +[262] *Stop (.) Frauen mögens sanft (.) und sie wollen sicher sein (.)*

Diese Passage besteht aus zwei Ellipsen: „Camelia Plus + Stop" und „Frauen mögens sanft „. Ellipsen können auch eine euphemistische Wirkung haben, wenn das in ihnen Weggelassene einem Tabu unterliegt.[263] Mit „Camelia Plus + Stop" wird der Produktname vorgestellt. Dieser enthält schon Andeutungen über die Eigenschaften des Produktes. „Plus" löst Assoziationen aus, wie 'besser als' (z.B. andere Produkte oder die alte Camelia) oder 'mehr' – im Sinne von 'mehr' an Qualität. „Stop" deutet an, daß die Camelia etwas stoppen bzw. aufhalten kann. Der Produktname kann also auch als Umschreibung gesehen werden. Eine euphemistische Wirkung besteht, da nicht gesagt wird, um was für ein Produkt es sich handelt. Es scheint ein Produkt speziell für Frauen zu sein, denn weil „Camelia Plus + Stop" und „Frauen mögens sanft „ hintereinander gesagt werden, könnte hier eine kausale Verbindung vermutet werden (Asyndese).

262 + gesprochen wie: 'und'; + kommt als Zeichen im Produktnamen vor.
263 Luchtenberg 1985, 150.

„Camelia Plus + Stop“ kann auch als Überschrift gesehen werden, mit der der Spot eingeleitet werden soll (damit alle wissen, worum es jetzt geht) und somit wenig Beziehung zu den nächsten Teilen der Aussage haben. Da es sich in diesem Fall nicht um einen geschriebenen Text handelt, kann diese Frage nicht beantwortet werden. Warum (und weshalb) dieses Produkt für Frauen ist, wird nicht gesagt, und allein, daß Frauen es sanft mögen und sicher sein wollen, kann hierfür kein vernünftiger Grund sein.

Die nächste Aussage „Frauen mögens sanft (.)“ ist sehr allgemein gehalten. Das Wort „sanft“ wird gerne mit Frauen in Verbindung gebracht. Es ist ein gängiges Klischee, daß Frauen erstens „sanft“ sind und zweitens „sanft“ behandelt werden wollen. Weil es zur weiblichen Stereotype gehört, „sanft“ zu sein, möchten viele Frauen diesem Bild entsprechen.

Der Satz hätte auch heißen können: ‘Frauen mögens aufregend’. Zu der Landschaft (wilde Felsenküste, Meer usw.) hätte das Wort ‘aufregend’ hervorragend gepaßt. Das Wort ‘aufregend’ geht allerdings mehr in die Richtung von Abenteuer. Und für eine menstruierende Frau wäre es eher abenteuerlich, wenn sie überhaupt keine Binde benutzen würde. Das Wort „sanft“ ist hier also passender. Die Frage ist nur, was mögen Frauen sanft. Eine Antwort könnte sein, daß Frauen sanfte Kleidung mögen, da die Frau in dem Spot sich während dieser Aussage gerade anzieht. Bei dieser Antwort bleibt aber offen, in welcher Beziehung sanfte Bekleidung mit dem Produkt steht.

Im dritten Teil dieses Ausschnittes wird es etwas geheimnisvoller: „und sie wollen sicher sein (.)“. Auf den ersten Blick ist hier nichts Ungewöhnliches zu sehen, denn die meisten Menschen haben ein Bedürfnis nach Sicherheit. Interessant ist hier nur, daß speziell Frauen „sicher sein“ wollen. Es läßt sich vermuten, daß Frauen vor einer bestimmten Sache „sicher sein“ wollen. Wovor Frauen „sicher sein“ wollen, wird an dieser Stelle nicht erwähnt. Während dieser Aussage wird allerdings die Frau, diesmal auf einem Fahrrad fahrend, gezeigt. Hier liegt die Vermutung nahe, daß diese Frau sich „sicher“ fühlen möchte. Eine Möglichkeit wäre: Die Frau möchte vor einem Fahrradunfall bewahrt werden. Diese Möglichkeit erscheint unwahrscheinlich, da das Produkt die Frau nicht vor einem Fahrradunfall schützen könnte. Das Produkt kann nur dafür sorgen, daß das Mentruationsblut, auch wenn die Kundin mit dem Fahrrad fährt (bei so einer Tätigkeit besteht nämlich die Gefahr, daß die benutzte Binde verrutscht und so nicht mehr optimal das Blut aufsaugen kann) trotzdem nicht in die Hose ausläuft. Dies ist nur eine Vermutung, da an keiner Stelle das oben beschriebene Problem ausgesprochen wird. Es handelt sich also um einen Euphemismus in Form einer Andeutung.

Paraphrase: Die Camelia Plus + Stop-Binde. Frauen mögen sanft behandelt werden und wollen Sicherheit.

Durch die Paraphrase wird deutlich, wie allgemein und nichtssagend diese Aussage ist.

Off: Camelia weiß das. die neue Plus + Stop ist Camelia-sanft und sicher. ihr Camelia-Auslaufschutz läßt seitlich <u>fast</u> nichts durch (2.5) so sind Sie rundum geschützt.

"Camelia weiß" also, was Frauen brauchen, nämlich Sanftheit und Sicherheit. Und das gibt „die neue Plus + Stop", weil der „Camelia-Auslaufschutz [...] seitlich *fast* nichts" durchläßt. Es ist also Camelia, die den Frauen Sicherheit gibt, die spezielle Sicherheit, die nur Frauen benötigen. Was ist nun das Schreckliche, vor dem sich die Frauen schützen müssen? Auch an dieser Stelle wird *es* nicht erwähnt. Zum Schluß kommt nur noch mal die Versicherung: „so sind Sie rundum geschützt".

Auch hier ist es wieder das Wort „nichts", das, wie in dem o.b.-Spot, für das Unaussprechliche steht, auslaufen kann. Erwähnt wird auch nicht, aus *was* oder in *was* das Unaussprechliche auslaufen könnte. Das Wort „nichts" ist hier ein Euphemismus.

Genauso wird in diesem Spot das Wort 'auslaufen' gemieden. Statt dessen ist der „Camelia-Auslaufschutz „ in diesem Satz das Subjekt, das „fast nichts durch" läßt. Durch das Wort 'auslaufen' bekommt das Geschehen der Menstruation etwas unberechenbares.

Paraphrase: Camelia weiß, was Frauen wollen, nämlich Sanftheit und Sicherheit. Die Camelia-Binde hat an ihren Seiten einen Auslaufschutz, so daß auch an dieser Stelle fast kein Mentruationsblut in die Hose laufen kann.

Zu den Worten „die neue Plus + Stop ist Camelia-sanft und sicher. ihr Camelia-Auslaufschutz läßt seitlich *fast* nichts durch (2.5)" wird das Produkt, eine Binde, eingeblendet. An dieser Binde wird dann anhand einer blauen „Ersatzflüssigkeit" die Saugfähigkeit und die Sicherheit des Auslaufschutzes demonstriert, indem die Ersatzflüssigkeit auf die Binde gegossen wird.

Bei dieser Flüssigkeit handelt es sich um einen nonverbalen Euphemismus, da Menstruationsblut naturgemäß rot ist und nicht blau. Das Menstruationsblut ist wohl zu anstößig, um die Sicherheit der Binde mit roter Ersatzflüssigkeit oder gar mit Original-Menstruationsblut zu zeigen. Der gemeinsame Aspekt liegt hier allein in der Konsistenz der beiden Substanzen. Der Aufbau und der Ablauf der Demonstration ist in Form eines wissenschaftlichen Experimentes gehalten. Dadurch wirkt es wie das Experiment einer ExpertIn.[264] Die Intention des Euphemismus' liegt hier in der Schonung der ZuschauerInnen.

[264] Auch in der Werbung für Baby – Windeln wird eine blaue Ersatzflüssigkeit als Urin-Ersatz verwandt, um die Saugfähigkeit der Windeln zu demonstrieren. In diesem Falle ist die Ähnlichkeit größer, da Urin tatsächlich so flüssig ist, wie die verwendete Ersatzflüssigkeit. Menstruationsblut besteht hingegen zu einem Großteil auch aus Gewebeteilchen und Schleim. Zu ExpertInnen siehe Kap. 4.2 (Teil I).

Off: Fühlen Sie sich frei (.) Camelia Plus + Stop (.) und ab sofort die neuen Camelia Ultra so sicher und so sanft Came:lia:

In diesem letzten Satz wird Freiheit und das Produkt in einer Asyndese in Zusammenhang gebracht. Es handelt sich um einen verschleiernden Euphemismus, da hier das Produkt mit Eigenschaften in Verbindung gebracht wird, die es nicht haben kann. In diesem Spot gibt es nur ein Wort, das mit der Menstruation in Verbindung gebracht werden kann: der „Camelia-Auslaufschutz" in Zeile 6 und 9. Das Wort „Auslaufschutz" allein kann allerdings auch viele andere Bedeutungen haben und ist nicht so unverwechselbar wie es z.B. die Begriffe *Menstruation, Blutung* oder auch die *Regel* sind. In dem Camelia Spot wird nicht einmal das Produkt, also die Binde beim Namen genannt.

Die Frau, die während des Spots an der Küste entlang mit dem Fahrrad fährt, hat eine enge weiße Hose an. Für diese Frau ist es also kein Problem, mit einer weißen Hose Fahrrad zu fahren, selbst wenn sie ihre Menstruation hätte. Sie hat keine Angst vor Menstruationsflecken an oder in ihrer Hose. Hierbei handelt es sich um einen nonverbalen Euphemismus.

In diesem Spot wird keiner bestimmten Person die Menstruation zugeschrieben. Es gibt keine Frau, die von ihrer eigenen Erfahrung mit der Camelia-Binde spricht. Die Stimme aus dem Off berichtet über die Binde, allerdings ohne dieses Wort zu benutzen und ohne die Person oder den Personenkreis zu erwähnen, die von der Menstruation 'betroffen' sind.

Da das Wort 'Menstruation' noch nicht einmal auftaucht, kann die ZuschauerIn sich theoretisch nicht einmal sicher sein, ob dies denn überhaupt das Thema ist. Der ganze Spot besteht nur aus Andeutungen. Die einzig provokante und auch aufschlußreiche Stelle ist vielleicht die Demonstration mit der Ersatzflüssigekeit auf der Binde.

Always

In diesem Werbespot äußert sich eine Frau, die durch einen Schriftzug als Sabine Weitlaner[265] vorgestellt wird, zu dem Produkt Always. Durch Schnitte, die an ganz bestimmten Stellen des Spots gesetzt sind, und durch die Art, in der SW redet, wird der Eindruck erweckt, als würde SW von einer imaginären Person um ihre Meinung zur Always-Binde befragt werden. Es fällt auf, daß die interviewte Person auf eine 'natürliche' Art spricht. SW zieht beim Sprechen Wörter zusammen oder läßt Wortteile ganz ausfallen. Diese Art zu sprechen wirkt wie spontanes Sprechen. Auf diese Art wird eine gewisse Natürlichkeit und Ehrlichkeit demonstriert. Außerdem scheint SW hier von ihren ganz persönlichen Erfahrungen zu sprechen.

[265] Im weiteren SW genannt.

Schade für jeden schönen Tag,

der nicht richtig ausgenützt wird. Gibt es doch noch so viele Frauen, die manchen lieblichen Frühlingstag nicht genießen können, weil sie zeitweilig nicht auf der Höhe sind. Muß das sein? Nein, solche verlorene Tage sind eine Verschwendung an Gesundheit und Lebensfreude. Schuld daran sind veraltete Methoden. Verehrte Leserin! Sie brauchen nicht auf den geplanten Ausflug oder auf sportliche Betätigung zu verzichten. Nie werden Sie verhindert sein, wenn Sie Ihre persönliche Hygiene der **Neuzeit** anpassen. Sie werden finden, daß die **Reform-Damenbinde „Camelia"** nicht nur Ihrem ästhetischen Empfinden Rechnung trägt, sondern auch alle Beschwerden, die man früher als etwas Selbstverständliches hinnahm, der Vergangenheit angehören läßt. Aller peinlichen Zustände, wie Unsicherheit, Verlegenheit usw. werden Sie enthoben sein, und die seelische Entspannung läßt Ihr Äußeres höchst vorteilhaft erscheinen. Verlangen Sie ausdrücklich „Camelia"!

„Camelia" erfüllt alle Wünsche: Viele Lagen feinster, flaumiger „Camelia"-Watte (aus Zellstoff), daher höchste Saugfähigkeit mit geruchbindenden Eigenschaften. Wunderbar weich anschmiegend. Schutz vor allen erdenklichen Beschwerden, Schutz vor Erkältungen. Abgerundete Ecken, folglich vorzügliche Paßform. Keine Verlegenheit, auch in leichter Kleidung. Wäscheschutz! Wissenschaftlich glänzend begutachtet. Eigene modernste Fabrik.

Der „Camelia"-Gürtel bietet das Vollendetste in bezug auf anschmiegendes und beschwerdeloses Tragen. Größte Bewegungsfreiheit.

Aus Seiden-Frotte-Gummi -.85
Aus Seidengummi . . . . M -.85
Aus Baumwollgummi . . M -.67

Warnung vor minderwertigen Nachahmungen! **Nur „Camelia" ist „Camelia"**

Camelia +

Die ideale Reform-Damenbinde / Einfachste und diskrete Vernichtung.

„Camelia-Rekord" Schacht. 10 St. M -.50
„Populär" Schacht. 10 Stück . M -.90
„Regulär" Schacht. 12 Stück . M 1.35
„Extrastark" Schacht. 12 Stück . M 1.50
Reisepackung 5 Einzelpck. M -.75

Achten Sie auf die blaue Schachtelpackung!

Zu Beginn des Spots sehen wir SW. Sie befindet sich in einem Haus vor einem offenem Fenster, durch das die ZuschauerIn einen grünen Garten erblicken kann.

Einführend sagt sie:

SW: Ich hättsnich gedacht dasses n Unterschied gibt aber den gibs |bei der Always hab ich das Gefüh:l (.) dassie ebm (.) eh|die Flügel besitzt die nichts auf der Seite: (.) ehm: (.) austreten lassen

Auffällig sind hier die vielen Pausen und gedehnten Wörter. SW hat anscheinend Schwierigkeiten die richtigen Worte zu finden, um ihre Erfahrungen mit der Always-Binde den ZuschauerInnen zu beschreiben. Während dieser Aussage ist SW die ganze Zeit zu sehen, mit einer Ausnahme: wenn SW den Produktnamen erwähnt, wird dieses Produkt kurz eingeblendet.

Während SW redet, bewegt sie ihren Kopf. Zu den Worten „Ich hättsnich gedacht“ schüttelt sie den Kopf, und zu „dasses n Unterschied gibt“ nickt sie bekräftigend. In den darauffolgenden Sprechpausen guckt sie kurz zur Seite und oder verdreht ein wenig die Augen.

Deutlich ist zu merken, welche Schwierigkeiten SW hat, die Vorzüge der Always in ‘anständiger’ Weise zu erklären. Verzweifelt sucht sie nach den richtigen Worten. Erst versucht sie es mit „bei der Always hab ich das Gefüh:l“ bricht dann ab, ohne das Gefühl näher zu erläutern, und versucht es mit „dassie ebm“ als neuen Ansatz, muß aber auch hier wieder abbrechen. Die ZuschauerIn weiß immer noch nicht, was der besondere Unterschied bei der Always ist. In einem letzten Anlauf erklärt SW, daß die Always „ eh|die Flügel besitzt die nichts auf der Seite: (.) ehm: (.) austreten lassen“. Was nun an der Seite austreten könnte, sagt sie nicht. Wieder ist es das Wort „nichts“, daß das Unausprechliche vertreten muß.

Wie die „Flügel“ der Always es verhindern, das „nichts“ auf der Seite austreten kann, erklärt nun eine weibliche Stimme aus dem Off.

Off: nur Always hat die (dry-weave ?) Oberfläche und das auch auf den Flügeln (..) so fühlen Sie sich angenehm trocken und sauber. mit extra Seitenschutz.

Das Produkt wird eingeblendet. Und anhand einer Demonstration mit der „Ersatzflüssigkeit“ wird gezeigt, wie die „Flügel“ und die besondere Oberfläche funktionieren. Die Ersatzflüssigkeit ist wieder von blauer Farbe und in der Konsistenz zu flüssig.[266] Mit „so fühlen Sie sich angenehm trocken und sauber.“ wird die Wirksamkeit der Always noch einmal bekräftigt.

[266] Siehe hierzu die Analyse zu Camelia.

Die „dry-weave-Oberfläche“ ist ein verschleiernder Euphemismus in Form eines Fremdwortes. Die Oberfläche der Always hat einen Namen, und damit wird sie zu einer besonderen Oberfläche, die deshalb auch bestimmte Eigenschaften haben muß, die andere Oberflächen nicht haben. Was diese Oberfläche im Besonderen ausmacht – z.B. ob sie aus einem bestimmten Material besteht oder warum gerade mit dieser Oberfläche ein besonderer Wäscheschutz gegeben ist – wird nicht gesagt.

Nach dieser „Illustration“ – dieses Wort wird auf dem Bildschirm eingeblendet – meldet sich SW noch einmal zu Wort:

SW: die Flügel sind Wäscheschutz und Sicherheit für einen selbst

“Wäscheschutz“ ist ein etwas altmodischer Begriff. SW benutzt hier nicht das Wort ‘Slip’ oder ‘Unterhose’. ‘Wäsche’ ist vielleicht auch als Oberbegriff gemeint für alle Bekleidungsstücke, die bei der Menstruation beschmutzt werden könnten. Die Wäsche, also die Unterhose, wird geschützt durch die „Flügel“. Wieder wird kein Wort darüber verloren, wovor die ‘Wäsche’ hier geschützt werden soll. Was ist mit der Sicherheit gemeint, von der SW hier berichtet?

Für wen die Always Sicherheit bedeutet, sagt SW nur andeutungsweise, nämlich mit „Sicherheit für einen selbst“. SW spricht hier indirekt von ihrer Person, und gleichzeitig wendet sie sich mit der Redewendung „für einen selbst“ auch an die ZuschauerInnen. Durch die gewählte Formulierung braucht SW die

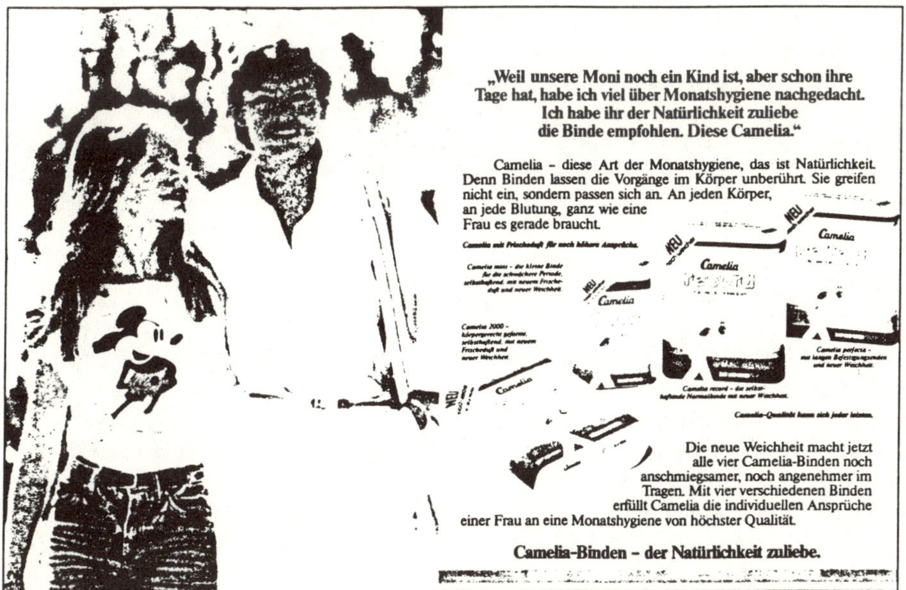

ZuschauerInnen nicht direkt anzusprechen, indem sie z.B. sagen würde: 'die Flügel sind Wäscheschutz und Sicherheit für Sie'.

So wie in diesem Spot mit dem Thema Menstruation umgegangen wird, scheint es für jede Frau das Beste zu sein, wenn sie vor ihrer Menstruation beschützt wird. Und zwar so sehr geschützt, daß sie meint, gar keine Menstruation zu haben. Für SW ist es nicht möglich, die ZuschauerInnen direkt mit diesem Thema in Zusammenhang zu bringen. SW kann auch nicht sagen: 'die Flügel sind Wäscheschutz und Sicherheit für die menstruierende Frau', denn eigentlich gibt es keine menstruierenden Frauen. Jedenfalls sollen sie nicht zu sehen sein, denn:

Off: Always trocken Always sauber und mit Sicherheit ein gutes Gefühl

"Always" heißt im Deutschen: 'immer'. In diesem letzten Satz ist der Produktname geschickt eingesetzt. Er könnte auch heißen: 'immer trocken immer sauber und mit Sicherheit ein gutes Gefühl'. Mit anderen Worten: Mit Always ist die Frau trocken und sauber, und zwar immer, auch wenn sie gerade menstruiert. Umgekehrt betrachtet, wird die Menstruation ohne Always zu einer schmutzigen und feuchten Angelegenheit.

In dem gesamten Text läßt sich kein Wort finden, das in einem direkten Zusammenhang zur Menstruation steht. Auch das Produkt wird nur als Produktname erwähnt. Die Produkt-Bezeichnung, nämlich 'Binde', wird nicht genannt.

Genauso wird das Geschehen der Menstruation nie einer bestimmten Person zugeschrieben. SW sagt an keiner Stelle: „Wenn ich meine Menstruation habe, dann benutze ich immer Always.“ Und an keiner Stelle werden die ZuschauerInnen direkt angesprochen. Dies könnte auf folgende Weise formuliert sein: „Benutzen Sie für Ihre Menstruation nur das Beste: Always, die superdünne und saugfähige Binde.“

Durch die weiter oben beschriebene Art zu sprechen, wirkt SW unsicherer als die Schriftstellerin im o.b.-Spot. Dies bedeutet aber nicht unbedingt, daß SW weniger selbstbewußt ist oder wirken soll. Der Unterschied zwischen diesen beiden Frauen besteht darin, daß SW von ihren eigenen Erfahrungen sprechen möchte, und RS über die Menstruation spricht, als würde sie persönlich dieses Thema nichts angehen. Da niemand mit der Menstruation in Verbindung gebracht werden möchte oder soll, ist es natürlich viel schwieriger, über die eigenen Erfahrungen mit einer bestimmten Binde oder einem Tampon zu sprechen, als in der Funktion z.B. einer Krankenschwester (die ersten Anzeigen für Camelia wurden von Schwester Thekla unterstützt) oder in der Person einer Schriftstellerin (RS).

Das etwas verunsicherte Sprechen der SW in diesem Always-Spot kann also nicht unbedingt als Schüchternheit und mangelndes Selbstbewußtsein interpretiert werden. Vielmehr stellt gerade SW den Typ der modernen, offenen jungen Frau dar, für die kein Thema, auch nicht das der Menstruation, tabu ist. Gerade die „offene“ Art, mit der sie über ihre eigenen Erfahrungen mit der Binde und der Menstruation spricht, macht sie sympathisch.

3.5 Ergebnisse

Für die Analyse am ergiebigsten ist die o.b. – Werbung. Sie enthält den meisten Text, der auch noch sehr geschickt formuliert ist. Die beiden Binden-Werbungen leben mehr von Bildern.

In allen Spots werden die Produkte selbst und nicht nur die Verpackung gezeigt. Die beiden Binden-Spots stellen jeweils in einer Demonstration (mit blauer Ersatzflüssigkeit) die Saugfähigkeit ihrer Produkte unter Beweis. Und in allen drei Spots sind es Frauen (jung, sportlich und / oder intelligent), die das Produkt vorstellen. In o.b. und in Always wird jeweils der Name der Frau eingeblendet. Im Camelia-Spot bleibt die Frau, die auf dem Bildschirm erscheint, und auch die Stimme aus dem Off anonym.

Obwohl in allen Spots Euphemismen vorkommen, kann der o.b.-Spot zu den Tabubrechern gezählt werden. Denn während in Camelia und in Always kein Wort über ‘Tampon’, ‘Binde’ oder ‘Regel’ verloren wird, werden alle diese Bezeichnungen in dem o.b.-Spot verwendet. Interessanterweise enthält die o.b.-Werbung die meisten Euphemismen, obwohl hier anderseits die oben genannten Worte offen, d.h. ohne Stottern und unsichere Wortwahl (siehe Analyse zum Always-Spot), ausgesprochen wird.

Vermutung: RS (o.b.) kann es sich erlauben, relativ unbefangen über das Thema zu sprechen, da sie nicht von eigenen Erfahrungen berichtet, sondern, in ihrer Funktion als Schriftstellerin, aus einer wissenschaftlich intellektuellen Warte heraus, über das Thema Menstruation berichtet.

Die Always-Werbung wirkt noch eine Spur provokanter als die Camelia-Werbung, da SW hier versucht, von ihren eigenen Erfahrungen zu sprechen. Es wird zwar nie eindeutig gesagt, aber die ZuschauerIn kann sich vorstellen, daß SW die Menstruation auch tatsächlich bekommt. Während in dem Spot für Camelia die ganze Atmosphäre eher romantisch und fast märchenhaft erscheint, so daß die ZuschauerIn sich schwerlich vorstellen kann, daß die Frau auf dem Fahrrad jemals menstruiert.

Abschließend kann also gesagt werden, daß in allen drei Spots das Tabu um die Menstruation be- und geachtet wird. Das heißt, in allen Spots wird auf den „Guten Geschmack“ und auf das Schamgefühl der ZuschauerInnen Rücksicht genommen.

4. Gibt es einen Tabubruch in der Werbung?

Obwohl in allen drei Werbespots, wie in 3.5 (Teil IV) festgestellt wurde, das Tabu um die Menstruation be- und geachtet wird, kann im Verhältnis zu den anderen beiden Firmen bei dem o.b.-Spot von einem Tabubruch gesprochen werden.

Bei Werbesprache handelt es sich, wie in 1.2 (Teil III) dargestellt, um eine Scheinsprache.

Die Überlegung ist nun folgende: Wenn es sich bei der Sprache, die in der Werbung benutzt wird, um eine Schein-Sprache handelt, muß dann ein hier durchgeführter Tabubruch als Schein-Tabubruch gesehen werden? Wird also auch ein in der Werbung vorkommender Tabubruch anders rezipiert und kommentiert als ein in einem anderen öffentlichen Kontext geäußerter Tabubruch? Kann ein Tabubruch, der in der Werbung vorkommt, überhaupt als solcher ernst genommen werden?

Wenn es sich bei einem Tabubruch in der Werbung um einen Schein-Tabubruch handeln würde, müßte die Reaktion der RezipientInnen hierauf auch eine andere sein, als bei einem realen Tabubruch. Hierzu kann ich nur aus meinem persönlichen Umfeld berichten, da eine wissenschaftliche Untersuchung zur Rezeption der Werbespots[267] den Rahmen dieser Arbeit sprengen würde.

Viele Frauen[268], mit denen ich mich über die Werbespots unterhalten habe, fühlen sich von den Werbenden nicht ernst genommen. Gerade den in der o.b.-Werbung stattfindenden Tabubruch empfinden sie eher als lächerlich. Wenn es sich um einen realen Tabubruch handeln würde, würden diese Frauen vielleicht den Tabubruch als solchen begrüßen oder sich beschämt abwenden, je nachdem wie groß das jeweilige Schamgefühl ist.

Im folgenden wird gezeigt, daß die Wirkung eines Tabubruchs jeweils von der Intention der jeweiligen SprecherIn abhängig ist und auch von dem Vertrauen, das ihr entgegen gebracht wird. Hiernach macht es einen Unterschied, ob eine Person einen Tabubruch begeht allein mit der Absicht, das Selbstverständnis der Frauen zu verbessern, oder mit der Absicht, das Selbstverständnis der Frauen zu verbessern, damit sich ein Produkt besser verkaufen läßt.

267 In der RNZ erschien am 24.03.1996 ein Artikel zur Beliebtheit von Werbesendungen mit dem Titel: „Ariel nervt am meisten. Verärgerte Verbraucher reagieren auf Werbung mit Kaufverweigerung."
Die GfK Marktforschung, Nürnberg, konnte in einer repräsentativen Umfrage feststellen, daß Werbung für Damenhygieneartikel bei einer Vielzahl der VerbraucherInnen auf Ablehnung stößt. Hier wird nicht mitgeteilt, wie groß der Anteil von Frauen und Männern ist. Dieses Ergebnis kann nur als Indiz für meine These eines Schein-Tabubruchs gewertet werden.

268 Diese Frauen sind zwischen 20 und 35 Jahre alt. Die meisten dieser Frauen befinden sich noch im Studium oder haben eine Ausbildung gemacht.

4.1 Tabubruch kann mit unterschiedlichen Motiven erfolgen

Die Motivation, einen Tabubruch zu begehen, kann, auch wenn es sich um ein und denselben Tabubruch handelt, sehr unterschiedlich gelagert sein. Es ist wichtig, diese Motivation zu kennen oder zumindest zu vermuten, damit die Bedeutung dieses Tabubruchs interpretiert werden kann.

Diese Überlegung soll in den nächsten beiden Kapiteln am Beispiel der mutmaßlichen Motive folgender Gruppierungen – den Werbenden und den Feministinnen – gezeigt werden. Beiden ist eins gemeinsam: Sie wollen, daß das Tabu um die Menstruation verschwindet oder zumindest abgemildert wird, und begehen darum in diesem Bereich Tabubrüche.[269]

Ziele und Motive von Tabubruch in der Werbung

Aufgrund der Analyse der Werbespots (gerade auch der o.b.-Werbung) könnte vermutet werden, daß die Firma Johnson&Johnson sich für die sog. Befreiung der Frauen einsetzen möchte. Immerhin wird hier gesagt: „Dieses kleine Stück Watte hat vielleicht mehr für die Freiheit und das Selbstbewußtsein der Frau geta:n (.) als jedes andere Produkt." Weiter könnte angenommen werden, in der o.b.-Werbung werde das Tabu um die Menstruation gebrochen[270], mit dem Ziel, diese Befreiung weiter voranzutreiben.

Im Zusammenhang von Werbung und Tabubruch müssen wir uns wieder in Erinnerung rufen, welchen Sinn die Werbung überhaupt haben soll. Werbung dient – kurz gesagt – allein dazu, ein Produkt bekannt zu machen, um es besser verkaufen zu können. Bei einem Produkt, das tabuisiert ist, treten allerdings die unter 1.2 (Teil IV) beschriebenen Probleme auf.

Also kann es nur das erklärte Ziel der HerstellerInnen von tabuisierten Produkten sein, das bestehende Tabu zu beseitigen oder zu mildern. Die Motivation bei diesem Tabubruch liegt hier darin, das Produkt besser verkaufen zu können.

Die unterschwellige Botschaft der (o.b.) Werbung lautet trotz Tabubruch: Die Hoffnung auf ein „normales" Leben während der Blutung. Auch hier werden die Ängste, „daß [die menstruierende Frau] versagen und irgendwo Blutspuren hinterlassen könnte oder daß [...] Gerüche auftreten", angesprochen.[271]

Außer der verbesserten Verkaufsbedingungen könnte ein weiterer Grund für den Tabubruch in der o.b.-Werbung darin liegen, dem neuen Selbstbewußtsein, das die Frauen unter anderem auch durch die neue Frauenbewegung erlangt haben, zu entsprechen. Da Werbung, wie in 1.1 (Teil III) gezeigt, auch Spiegel-

[269] Ob Tabus durch Tabubruch zum Verschwinden gebracht werden können, ist noch eine andere Frage, der ich hier nicht weiter nachgehen werde.

[270] Siehe die Analyse zu o.b.

[271] Courage 1979, 43.

bild der Gesellschaft ist, muß dieses veränderte Bewußtsein der sogenannten emanzipierten und fortschrittlichen Frau in der Werbung berücksichtigt werden. Der Tenor der Werbung (der hier untersuchten Werbespots) bleibt trotz Tabubruch: „ein Appell an das 'Scham'-Gefühl: Versteck alles gut; benutze unsere Produkte, weil dann 'nichts zu sehen ist', weil 'niemand etwas bemerkt' und weil 'dein Geheimnis ein Geheimnis bleibt'".[272] So heißt es in dem „Tabubrecher"-Spot für das o.b.-Tampon u.a.: „o.b., damit die Regel sauber und diskret abläuft".

Mögliche feministische Motive und Ziele bei demselben Tabubruch

Zu den Personen, deren Ziel die sogenannte „Befreiung der Frau" in unserer Gesellschaft ist, gehören z.B. Feministinnen. Die Motivationslage der Frauen untereinander gehen sehr stark auseinander, und es kann nicht verallgemeinernd von der Feministin gesprochen werden. Trotzdem unterscheiden sich die Motive von (feministischen) Frauen, die sich mit dem Thema Menstruation beschäftigen, durchaus von denen der Werbenden, die die oben besprochenen Ziele verfolgen.

Für die Gruppe der Feministinnen ist es von Interesse, daß das Tabu um die Menstruation verschwindet. Denn die Menstruation wird vielfach als Argument benutzt, um Frauen den Zugang zu bestimmten gesellschaftlichen Bereichen zu verwehren.

> In den vergangenen Jahrzehnten war es für uns wichtig, die Menstruation zu verheimlichen, weil sie den Herren immer als Vorwand gedient hat, Frauen ausschließlich auf Frauenarbeit zu verweisen [...][273]

Daher ist es vorstellbar, daß diese Frauen in bezug auf die Menstruation Tabubrüche begehen oder bei irgendwelchen Gelegenheiten initiieren, mit der Absicht, dieses Tabu zu brechen. Das erklärte Ziel der feministischen Künstlerinnen Chicago, Welsh, Edelson u.a. ist „alle Frauen von menstruellen Tabus befreit zu sehen."[274] In 1.2 (Teil II) wurde die Lithographie „Red Flag" von Judy Chicago vorgestellt, die einen Tabubruch darstellt.[275]

Im Gegensatz zu den Werbenden liegt die Motivation zum Tabubruch hier allein darin, die Situation und das Selbstverständnis der Frauen zu verbessern.

[272] Courage 1979, 37.
[273] Courage 1979, 2.
[274] Courage 1979, 92.
[275] Insgesamt gesehen ist dieses Kunstwerk viel „härter" als die Erwähnung der Wörter 'Menstruation', 'Binde', 'Tampon' oder 'Regel' in einem Werbespot. Die Werbenden könnten im Fernsehen nicht zeigen, wie eine Frau sich gerade einen Tampon einführt. Siehe hierzu auch Kap. 5 (Teil IV).

4.2 Ergebnisse

Beide Gruppierungen haben das Ziel, dem Tabu um die Menstruation entgegenzuwirken. Zu diesem Zweck begehen sie Tabubrüche. Das Ziel ist das gleiche, nur die Motivation und die Mittel sind unterschiedlich. So sind die Feministinnen forscher und begehen einen eher schwerwiegenden Tabubruch, im Unterschied zu den Werbenden, deren Tabubruch relativ harmlos verläuft.

Es macht einen Unterschied, ob das Tabu um die Menstruation in einem Werbespot gebrochen wird oder z.B. von einer feministischen Künstlerin. Der Unterschied liegt einmal darin, daß beide Gruppen unterschiedliche Interessen und Hoffnungen in einen Tabubruch setzen, und zum anderen in der Reaktion der Öffentlichkeit. Der Tabubruch in der Werbung verlief verhältnismäßig ruhig und rief keine extremen Reaktionen beim Publikum hervor. Vielleicht ist dies ein Zeichen dafür, wie geschickt die Werbenden den Zeitgeist erfaßt haben, vielleicht aber auch dafür, daß ein Tabubruch in der Werbung nicht für so gefährlich gehalten wird, wie z.B. die Chicago Lithographie „Red Flag" (Rote Fahne).[276]

[276] Siehe Kapitel 1.2 (Teil II) und Courage 1979, 91. Die Reaktionen bei dem Kunstwerk waren heftiger.

5. Die Gratwanderung der Firmen

Die Werbung für ein tabuisiertes Produkt kann als Gratwanderung aufgefaßt werden. Die Firmen balancieren zwischen Moral und Moderne.

5.1 Die Wanderung zwischen Moral (dem guten Geschmack) und Moderne

Da Werbung immer Spiegelbild der Gesellschaft ist, muß die Werbebotschaft die Moralvorstellungen der Gesellschaft enthalten und wiedergeben. Das heißt: Die Werbenden müssen dem allgemeinen Moral-Empfinden der RezipientInnen entsprechen. Werbung hat die Aufgabe, das Image des Produktes zu erhalten bzw. zu verbessern. Deshalb muß die Werbesendung dem „guten Geschmack" der meisten ZuschauerInnen entsprechen, da eine unmoralische Werbesendung auf das Image des Produktes zurückfallen würde.

Andererseits muß auch den Einstellungen und Interessen der RezipientInnen entsprochen werden, damit die Werbebotschaft nicht als uninteressant aussortiert wird. Das bedeutet u. a., daß feministische, ökologische oder andere Standpunkte, je nachdem welche Einstellungen gerade am häufigsten in der Bevölkerung existieren, berücksichtigt werden müssen.

Wie weiter oben schon beschrieben, ist es einfacher, ein nicht-tabuisiertes Produkt zu verkaufen, weshalb es im Interesse der Werbenden liegt, dem Tabu, das um die Menstruation in der Gesellschaft existiert, entgegenzuwirken.

Dies tun sie, indem sie durch Aufklärungsbroschüren eine Teilöffentlichkeit informieren, um so mit althergebrachten Vorurteilen aufzuräumen. Auch eine offenere Gestaltung der Werbespots, im Sinne von Tabubrüchen, kann die Werbenden diesem Ziel der Enttabuisierung näher bringen.

Diese Offenheit hat allerdings ihre Grenzen.

Durch Tabubruch kann zwar der Eindruck von Modernität entstehen, es dürfen aber nicht zu viele und nicht zu gravierende (wirkliche) Tabus gebrochen werden, da die ZuschauerInnen dann vor Scham nicht mehr auf den Bildschirm blicken könnten. Diese Scham kann dazu führen, daß es ZuschauerInnen sogar zu peinlich wäre, das Produkt zu kaufen.

So wäre es in unserer Zeit relativ undenkbar, wenn in einem Werbespot für Binden statt der blauen Ersatzflüssigkeit eine rote benutzt werden würde. In diesem Fall wären die Grenzen des guten Geschmacks überschritten. Ein Tabubruch in einem Werbespot kann also nur ein relativ harmloser sein.

Werbung darf sich aber auch nicht den negativen Folgen des Tabu-Vorwurfs[277] aussetzen. Durch eine zu harmlose und seichte Darstellung wirkt Wer-

277 Siehe Kap. 2.3 *Der Tabu-Vorwurf* (Teil I).

bung altbacken, und die RezipientInnen verlieren das Vertrauen zum Produkt. Da wir in einer Zeit leben, in der Modernität und Fortschrittlichkeit zu einem guten Image gehören, kann die Berücksichtigung nicht mehr zeitgemäßer Tabus bei den ZuschauerInnen einen inkompetenten Eindruck hinterlassen. Diese inkompetente Wirkung strahlt auch auf das Produkt und auf die Firma zurück. Mit anderen Worten, das Image der Firma und des Produktes ist gefährdet.

So müssen die Werbenden eine Grat-Wanderung machen. Einerseits soll das Tabu um die Menstruation wegfallen, um die Produkte besser absetzen zu können, andererseits dürfen gewisse Grenzen nicht überschritten werden, da in diesem Falle sich die Menschen verschämt oder wütend abwenden würden. Durch diese Gratwanderung können die Firmen mit ihrer Botschaft eine breite Masse erreichen.

6. Zusammenfassung und Ausblick

Der Umgang mit Tabu in der Werbung ist also recht komplex.

Folgende Zusammenhänge von Tabu und Werbung können an dem Beispiel der Binden- und Tampon-Werbung gezeigt werden:

- Die Werbung und damit auch der Verkauf von tabuisierten Produkten ist, durch den problematischen Umgang mit dem Tabu und dem damit verbundenen Sprechverbot, mit etlichen Schwierigkeiten verbunden.
- Mit Hilfe von verbalen und nonverbalen Euphemismen ist die Kommunikation über Tabu-Themen möglich, und auch die Werbung für tabuisierte Produkte kann auf diesem Wege realisiert werden, wie die Analyse der Werbespots zeigen konnte.
- Da Werbung nur das Interesse der RezipientInnen erlangen kann, wenn sie deren Vorstellungen, Einstellungen und Interessen in die Werbebotschaft übernimmt, wird Werbung zum Spiegelbild der Gesellschaft. Das bedeutet in Bezug auf Tabu und Werbung, daß Werbung die Tabus, die in der Gesellschaft existieren, berücksichtigen muß.
- Da Werbesprache eine Scheinsprache ist, handelt es sich auch bei einem in der Werbung vorkommenden Tabubruch lediglich um einen Schein-Tabubruch mit dem alleinigen Ziel, das Vertrauen der KundInnen zu gewinnen und damit den Verkauf des Produktes zu steigern.
- Die Werbung für ein tabuisiertes Produkt ist für die Werbenden eine Gratwanderung zwischen Moral und Moderne.

Die heutige Werbung für Binden und Tampons ist zwar nicht mehr so verschämt und geheimnisvoll wie zur Zeit unserer Großmütter, macht aber insgesamt trotzdem noch einen behäbigen und langweiligen Eindruck.

Da Werbung Spiegelbild der Gesellschaft ist und die Werbung das Tabu um die Menstruation weiterträgt, wie in dieser Arbeit festgestellt werden konnte, kann also den Behauptungen der Werbenden, das Tabu würde nicht mehr existieren, widersprochen werden.

6.1 Wie wäre es mit einer lustigen Werbesendung?

Warum ist es nicht möglich, sich in einem Werbespot gerade über diese in der Gesellschaft vorkommenden Moralvorstellungen lustig zu machen, und so einen Spot zu entwickeln, über den die ZuschauerInnen sich amüsieren können? Die Firma Johnson&Johnson hat ja schon den ersten Schritt in Richtung 'mehr Offenheit' gewagt, indem in ihrem Spot die Wörter 'Menstruation', 'Binde' und 'Tampon' benutzt werden.

In einem Werbespot für o.b., der ca. im Sommer 1994 im Werbefernsehen zu sehen war, kommt ein gewisser Witz auf, durch die Verwendung eines Wortspiels. In dem Spot ist eine junge Frau im Badeanzug zu sehen, die in ein grünblaues Wasser springt und dann am Rand wieder auftaucht. Hier blickt sie in die Kamera und sagt ungefähr folgendes: „o.b., weil eine Binde hier nicht taucht." Das Wort „taucht" wird hier im Sinne von 'in einen See tauchen' und gleichzeitig im Sinne von 'nützlich sein' benutzt.

Allgemein kann Ironisierung als ein Mittel gesehen werden, mit dem Tabubrüche in einer Öffentlichkeit wie Werbung begangen werden könnten. Ein Tabubruch, über den man auch lachen kann, macht immer noch einen harmloseren Eindruck als einer, über den man nicht lachen kann.

KJT

TRANSSKRIPTIONEN

I. Transkriptionszeichen:

- **(.)**	Pause von 0.5 sec.
- **(..)**	Pause von 2 mal 0.5 sec.
- **(2)**	Pause von 2 sec.
- **ein<u>mal</u>**	betontes Wort- oder Satzteil
- **ei:ne**	Dehnungszeichen, d.h. der Laut, hinter dem das Dehnungszeichen : steht, wird gedehnt
- |	plötzlicher Abbruch des Redeflusses
- *	hörbares Atmen der SprecherIn
- .	Die Betonung des vorhergehenden Wortes fällt ab

II. o.b. - Transkript

In diesem Spot hält Roberta Stein, eine Schriftstellerin, einen Vortrag über o.b.. Sie befindet sich dabei in einem häuslichen Büro. Der gesamte Text wird gesprochen. RS: Roberta Stein; BS: Bildschirm.

1	RS:	Dieses kleine Stück Watte hat vielleicht mehr für die Freiheit
2	BS:	RS sitzt an einem Schreibtisch und hat ein Tampon in der Hand
3	RS:	und das Selbstbewußtsein der <u>Frau</u> geta:n (.) als jedes
4	BS:	---
5	RS:	andere Produkt. denn ein Tampon <u>ist</u> nicht nur sicher (.)
6	BS:	--
7	RS:	er <u>macht</u> sicher (.) deshalb spreche ich für o.b.(.)* denn ein
8	BS:	-------------"Roberta Stein Schriftstellerin" wird eingeblendet -----------------------------RS läßt
9	RS:	o.b. bleibt nicht außen vor wie eine Binde (.)* sondern
10	BS:	ein o.b.an ihrer Hand entlanggleiten ----------------------
11	RS:	nimmt die Regel ganz natürlich <u>da</u> auf wo sie passiert ganz
12	BS:	---Die Hand
13	RS:	im Innern des Körpers man sieht nichts man riecht nichts und
14	BS:	schließt sich um den o.b. ---
15	RS:	außen bleibt alles angenehm sauber o.b. damit die Regel
16	BS:	-- Kameraschwenk auf die Produkte
17	RS:	sauber und diskret abläuft
18 19	BS:	Der Satz : "o.b. damit die Regel sauber und diskret abläuft" wird eingeblendet.

III. Camelia -Transkript

BS: Was auf dem Bildschirm zu sehen ist

Off: weibliche Stimme aus dem Off

1	BS:	Felsenküste Meer// Ein dünner Vorhang fällt ins Bild// Musik setzt ein
2	Off:	Camelia Plus + Stop[1] (.) Frauen mögens sanft (.) <u>und</u> sie wollen sicher
3	BS:	Eine junge sportliche Frau zieht sich an--------------Die Frau fährt mit
4	Off:	sein (.) Camelia weiß das. die neue Plus + Stop ist Camelia - sanft
5	BS:	einem Fahrrad-----------------Produkt wird---------blaue Ersatzflüssigkeit an der Steilküste eingeblendet entlang
6	Off:	und sicher. ihr Camelia-Auslaufschutz läßt seitlich <u>fast</u> nichts durch
7	BS:	---------------"Camelia Plus + Stop" wird als --- Frau auf dem Fahrrad Schriftzug eingeblendet
8	Off:	(2.5) so sind Sie rundum geschützt. (.) Fühlen Sie sich frei (.)
9	BS:	--- Die Frau sitzt auf einem Felsen und sieht ins Meer
10	Off:	Camelia Plus + Stop (.) und ab sofort die neuen Camelia Ultra
11	BS:	Die Produktpalette wird eingeblendet ----"so sicher und so sanft Camelia"
13	Off:	so sicher und so sanft Came:lia:
14	BS:	erscheint als Schriftzug und derselbe Text wird gesungen.

[1] gesprochen: Camelia plus und stop

IV. Always-Transkript

Bei diesem Werbespot handelt es sich um eine Art Interview, bei der es so scheint, als würde Sabine Weitlaner um ihre Meinung zur Always-Binde befragt werden. Sabine Weitlaner steht vor einem offenen Fenster, das einen grünen Garten erahnen läßt. SW: Sabine Weitlaner; BS: Bildschirm

1	SW:	Ich hättsnich gedacht dasses n Unterschied gibt aber den gibs |
2	BS:	(SW schüttelt den Kopf) (SW nickt mit dem Kopf) --------- Sabine Weitlaner ist eingeblendet-----------------------
3	SW:	bei der Always hab ich das Gefüh:l (.) dassie ebm (.) eh|die Flügel
4	BS:	Produkt wird eingeblendet ------------------------------SW eingeblendet --SW guckt kurz zur Seite
5	SW:	besitzt die nichts auf der Seite: (.) ehm: (.) austreten lassen
6	BS:	-------------------------------------SW sieht zur Seite -----------------
7	Off:	nur Always hat die (dry - weave ?) Oberfläche und das auch auf den
8	BS:	Produkt mit "Ersatzflüssigkeit" wird gezeigt ----------(dieses Wort[1] erscheint auch auf dem Bildschirm)
9	Off:	Flügeln (..) so fühlen Sie sich angenehm trocken und sauber. mit
10	BS:	------------- Zwei Hände berühren zwei verschiedene Binden, die mit blauer Ersatzflüssigkeit getränkt sind -- Das Wort "Illustration" erscheint auf dem Bildschirm
11	Off:	extra Seitenschutz.
12	SW:	die Flügel sind Wäscheschutz und Sicherheit für
13	BS:	SW eingeblendet ---------------- SW legt den Kopf
14	SW:	einen selbst
15	BS:	ein wenig schief
13	Off:	Always trocken Always sauber und mit Sicherheit ein gutes Gefühl
15	BS:	Die Produkte und folgender Text werden eingeblendet : "Always trokken. Always sauber. Und mit Sicherheit ein gutes Gefühl."

[1] Das Wort 'Ersatzflüssigkeit' erscheint auf dem Bildschirm.

ZEITTAFEL

Die wichtigsten Daten zu Menstruation und Menstruationsschutz im historischen Überblick für die eilige LeserIn

2. Jahrtausend v. Chr. Die frühesten Aufzeichnungen zum Menstruationsschutz sind über 3500 Jahre alt und stammen aus Ägypten. Hier wird über Tampons berichtet, die aus Flachsfäden bestanden und „in das Fleisch hineingesteckt wurden", um den Blutfluß zu stoppen.[278]

6. Jahrhundert v. Chr. Pythagoras. Die Frau hat zuviel überschüssiges Blut, welches ein ganz besonderes Bedürfnis nach »Entleerung« hervorruft.[279]

460 – 377 v. Chr. Hippokrates beschreibt eine Art Tampon aus aufgerolltem Leinen als Menstruationsschutz und einen solchen aus einem runden Holzstab, einer Art eingebautem Applikator, der mit einem absorbierenden Material überzogen war.[280]

384 – 322 v. Chr. Aristoteles ist der Ansicht, daß die männlichen Keime die alleinige Ursache der Schwangerschaft sind. Die Gebärmutter ist der Ort, an dem diese Keime wachsen können, genährt von dem Menstruationsblut der Frau. Der Ursprung des Menstrualblutes sieht er im Überschuß ungebrauchter Nahrung.[281]

23 – 79 n. Chr. Plinius geht davon aus, „daß das Kind aus dem Menstrualblut geformt wird. Unter dem hefeartigen Einfluß des männlichen Samens vereinigt sich das Blut zu einer Form, die in gegebener Zeit zur Körperform wird und Leben annimmt. Außerhalb der Schwangerschaft aber wird das Blut ausgeschieden und ist unrein."[282]

278 Umbach 1988, 298.

279 Hering; Maierhof 1991, 15.

280 Umbach 1988, 298. Weiter wird in Umbach (1988, 299) ausgeführt: „[...]Die Aufzeichnungen können noch durch Informationen über die Trumai-Frauen im südamerikanischen Chaco-Gebiet ergänzt werden, die eine Art Kombination von Verband und Pelotte bevorzugten. Sie bestand aus Bastschlingen und Rindenstreifen. Sie dienten dem ärztlichen Bemühen, 'dem Blutverlust entgegenzuarbeiten'. Die Asiatinnen verwendeten als Menstruationsschutz feinstes Reispapier, wobei die Japanerinnen daraus nußförmige Kugeln kneteten und einführten, während die Chinesinnen es gefaltet als Vorlage benutzten. Die Eskimos legten Schneehasenfelle vor, mit Hilfe derer sie das Blut sammelten. In Afrika verwendeten die Meta-Frauen in Kamerun Grasbüschel zum Auffangen des Menstruationsbluts, während die Azimba [...] die Scheide mit Pflanzenfasern tamponierten. Eine besondere Methode zur Erleichterung des menstruellen Blutabflusses entwickelten die Frauen des Malaiischen Archipels: sie rollten Koliblätter zu einem Rohr und schufen so eine Art Drainage.
Alle diese aus der Geschichte der Medizin stammenden Berichte zeigen, *daß in der ganzen Welt seit Jahrtausenden interner und externer Menstruationsschutz gleichberechtigt nebeneinander verwendet wurden. Weder die Idee des intravaginalen Auffangens von Blut noch die Absorption der Menstruationsflüssigkeit durch Vorlagen ist neu.* [Hervorh. d. d. Verf.]"

281 Hering; Maierhof 1991, 14.

282 Hauser/Mambourg: Deutung und Bedeutung der Menstruationsblutung, in: Therapeutische Umschau 30, 1973, S. 473; zitiert nach Hering; Maierhof 1991, 15.

1098-1179 Hildegard v. Bingen, eine bekannte Wissenschaftlerin und einflußreiche Persönlichkeit ihrer Zeit, betrachtet bei der Bewertung der Menstruation eher die Moral als deren gesundheitlichen Folgen. Für sie ist der Sündenfall Evas der Ausgangspunkt der Menstruation.[283] Sie schreibt aber auch im positiven Sinne zur Menstruation: „Der Monatsfluß ist beim Weibe Ausdruck der zeugenden Lebenskraft und seiner Blüte, die in der Nachkommenschaft sich belaubt. Wie ein Baum aus reiner Lebenskraft heraus grünt und blüht und Früchte bringt, so bringt auch die Frau aus der Lebenskraft der Bäche des Monatsblutes heraus Blüten und Laub in der Frucht ihres Leibes hervor."[284]

1493-1541 Paracelsus, ein bedeutender Arzt des Mittelalters, sieht in dem Menstruationsblut Unflat, „dem kein Gift auf Erden gleichen mag, schedlicher und strenger".[284a]

18. Jahrhundert Umbruchphase: „[D]ie bis dahin gedachte Analogie zwischen Frauenkörper und Männerkörper (das Konzept der Frau als 'minderwertiger Mann', aber dennoch aus dem gleichen Stoff gemacht) wich allmählich der Idee einer Polarität, in der der Leib der Frauen und der Leib der Männer als grundsätzlich 'andere' einander gegenübergestellt wurden"[285] Frauen wurden mit Natur, Körperlichkeit, Aberglaube und Tradition in Verbindung gebracht, Männer mit Kultur, Geistigkeit, abstraktem Denken, Wissenschaft und Fortschritt.[286]

1712-1778 Rousseau sieht das Schicksal der Menschen in der Dialektik von Natur und Kultur angelegt, wobei er die Geschichte als Fehlentwicklung im Sinne zunehmender Degradierung des Menschen betrachtet. In diesem Sinne wird die Menstruation in denen von Rousseau beeinflußten medizinischen Schriften „als verderbliche Auswirkung der Zivilisation gewertet. Sie galt als pathologischer Vorgang, als Zivilisationsschaden infolge übermäßigen Essens oder Bewegungsmangels oder aufgrund der kulturell bedingten Eingeschränktheit des Geschlechtsverkehrs."[287]

1732 Der französische Arzt de la Motte muß feststellen, daß der Ursprung und Zweck der Menstruation noch immer nicht erforscht sei.[288]

19. Jahrhundert Die Mediziner warnen weiterhin vor gesundheitlichen Risiken von Geschlechtsverkehr während der Blutung: besonders der Mann gilt als sehr gefährdet, obwohl man anderseits davon ausgeht, daß die Frau gerade während der Menstruation fruchtbar ist – ähnlich wie die Brunftzeit bei den Tieren.[289]

283 Hering; Maierhof 1991, 17.

284 Blume/Schneider: Die Regel. Eine herbeigeredete Krankheit. München 1984, 26; zit. n.: Schlehe 1987, 17.

284a Schlehe 1987, 18.

285 Duden, Barbara: Verkörperung von Herrschaftsbeziehungen in der Sprache über den Frauenleib. 1983. Unveröffentlichtes Manuskript. zit. n.: Schlehe 1987, 22.

286 Schlehe 1987, 22.

287 Schlehe 1987, 23-24.

288 Hering; Maierhof 1991, 18.

289 Schlehe 1987, 26.

1821 J. Power stellt die Theorie auf, „daß die Periode unmittelbar durch ein das Ovar [Eileiter] verlassende Ei ausgelöst wird.“[290]

1827 Karl Ernst von Baer entdeckt die weibliche Eizelle. Durch diese Entdeckung wird erstens die Annahme widerlegt, daß der männliche Samen einzig und allein für die Zeugung erforderlich sei und zweitens die Bedeutung des Eileiters als Auslöser des Menstruationsvorgangs erkennbar.[291]

1840 Charles Négier beschreibt in Frankreich die Zusammenhänge zwischen Ovulation (Eisprung) und Menstruation.[292]

1844 Th. L. Bischoff sieht es für erwiesen an, daß „bei jeder Menstruation der Eierstock in einen erhöhten Thätigkeitszustand gerät, ein Graaf'sches Bläschen [das Follikel] sich bedeutend entwickelt, platzt, und ein gelber Körper an dessen Stelle sich bildet.“[293]

1860 Die Geburtsstunde der Gynäkologie in Deutschland.[294]

1865 Der Physiologe Eduard Pflüger veröffentlicht eine Schrift: „Untersuchungen aus dem physiologischen Laboratorium zu Bonn. Über die Bedeutung und Ursache der Menstruation.“ Viele seiner Thesen werden erst 1901 von dem Wiener Gynäkologen Joseph Halban korrigiert. Nach Pflügers Theorie fallen Menstruation und Eisprung zusammen.[295] Außerdem sieht Pflüger die Menstruation als chronische Reizung des Nervensystems und beruft sich hier auf die heftigen seelischen Erschütterungen, die die Frauen befielen und die, wie er meinte, die Menstruation auslösen konnten.[296] In der folgenden Zeit machen sich die Ärzte vor allem Gedanken um das „periodische Irre-Sein“ der Frauen.[297]

1873 In Berlin läßt sich die erste deutsche Ärztin Franziska Tiburtius nieder. Sie studierte in der Schweiz. Öffnung der Universitäten in Deutschland 1908.[298] Bereits um die Jahrhundertwende erscheinen medizinische Schriften, in denen Ärztinnen über die Menstruation schreiben. So erklärt Frau Fischer-Dückelmann: „[...] die monatliche Blutung [ist] nicht als ein Zustand der Krankheit aufzufassen; sie steht in Verbindung mit einem physiologischen Vorgang und ist daher bei gesunden Frauen auch mit keinerlei nennenswerten Beschwerden verbunden.“[299]

1885 Fürst beschreibt erstmals den Aufbau einer Menstruationsbinde im Zentralblatt der Gynäkologie (Nr. 37). Die Verbandstoff-Fabrik Paul Hartmann (Heidenheim, Württemberg) stellt diese Binde nach seinen Angaben her.[300]

290 Müller-Hess, H.: Die Lehre von der Menstruation, 1938, 76; zit. n.: Hering; Maierhof 1991, 22.
291 Hering; Maierhof 1991, 22.
292 Hering; Maierhof 1991, 22.
293 Müller-Hess, H.: Die Lehre von der Menstruation, 1938, 79; zit. n.: Hering; Maierhof 1991, 22.
294 Hering; Maierhof 1991, 27.
295 Hering; Maierhof 1991, 29.
296 Hering; Maierhof 1991, 30.
297 Hering; Maierhof 1991, 30.
298 Hering; Maierhof 1991, 58.
299 Fischer-Dückelmann, A.: Die Frau als Hausärztin, Stuttgart 1911, Bd. 1, S. 241; zit. n.: Hering; Maierhof 1991, 58.
300 Hering; Maierhof 1991, 36-37.

Hering und Maierhof schreiben hierzu: „Die meisten Frauen scheinen sich mit selbstgenähten Stofftüchern geholfen zu haben oder wie die Frauen auf dem Lande gänzlich auf Einlagen oder Unterhosen verzichtet zu haben. Menstruierten sie, so zogen sie eine Blutspur hinter sich her."[301]

1896 Die ersten industriell gefertigten Wegwerfbinden kamen in den USA auf den Markt. Sie bestanden aus Wattekissen im Mulleinschlag und wurden von der Firma Johnson&Johnson hergestellt, Markenname: „Lister's towels".[302]

Ende des 19. Jahrh. Die Theorie vom „periodischen Irresein" (Hysterie) bleibt. Das Wort Hysterie ist griechischen Ursprungs und bedeutet Gebärmutter. Der Neigung zur Hysterie – ein plötzlicher Anfall (Muskelzittern, krampfhafte Bewegungen, Gähnen und Zähneklappern, Wein- und Lachkrämpfe, das Gefühl einer im Hals langsam aufrollenden Kugel, Erstickungsnot, Herzklopfen, Angstgefühl und Schmerzen im Kopf, Gesicht, Hals oder Unterleib) – unterlägen alle Frauen, da sind sich die Ärzte einig. Die Hysterie-Diskussion reicht bis in die 30er Jahre unseres Jahrhunderts.[303]

Die Verbandstoffirma Paul Hartmann stellt für die Europäerinnen die ersten Wegwerfbinden her – die „Mulpa-Damenbinde".

23. Mai 1901 Die Hypothese Pflügers wird endgültig widerlegt. Josef Halban findet heraus, daß nicht der Druck der wachsenden Follikel auf die Eierstocknerven für das Zustandekommen der Periode verantwortlich ist, sondern vielmehr ein chemischer Einfluß der Ovarien.[304] Alban geht allerdings immer noch von der Theorie aus, daß Menstruation und Eisprung zusammenfallen.[305]

1908 Hitschmann und Adler. Ihre Zyklusforschungen sind heute noch gültig. Sie zeichneten die Veränderungen der Gebärmutterschleimhaut während eines Zyklus auf.[306]

1918 Stimmrecht für Frauen.[307]

1920 Der Wiener Professor Schick entdeckt das Menotoxin. Nach einigen Untersuchungen zu Hefeteig, der im Zusammenhang mit menstruierenden Frauen nicht mehr aufging, und zu Blumen, die von einer menstruierenden Frau berührt verdorrten, sah er die Existenz des Menotoxins für bewiesen an.[308]

1926 Camelia[309] erobert den Markt – Werbekampagnen werden gestartet, obwohl es schon seit der Jahrhundertwende Wegwerfbinden gibt.[310] Die Came-

[301] Hering; Maierhof 1991, 36.
[302] Umbach 1988, 299.
[303] Hering; Maierhof 1991, 44.
[304] Hering; Maierhof 1991, 51.
[305] Hering; Maierhof 1991, 52.
[306] Hering; Maierhof 1991, 52.
[307] Hering; Maierhof 1991, 71.
[308] Hering; Maierhof 1991, 75.
[309] In den dreißiger Jahren wurden die Camelia-Binden in blaue Schachteln, die mit dem Bild einer „Kameliendame" versehen wurde, verpackt. (In: 60 Jahre Camelia. Eine Marke macht Karriere. Seite 9.) Die Kameliendame (Alexandre Dumas) trug vier Tage im Monat eine rote, die übrige Zeit eine weiße Kamelie. In den Tagen der roten Kamelie war Geschlechtsverkehr tabu. In: Hering; Maierhof 1991, 134.
[310] Hering; Maierhof 1991, 71.

lia-Binden „bestanden aus Lagenzellstoff im Netzschlauch, dessen Enden der Befestigung an einem Bindengürtel dienten. Sie ersetzten langsam die bis dahin verwendeten waschbaren Strickbinden."[311]

Ende der 20er Jahre: Die Gynäkologen stellen fest, daß der Eisprung nicht mit der Menstruation zusammenfällt, sondern zwischen zwei Blutungen stattfindet.[312]

1931 Zondek weist nach, daß das Follikel-Hormon und das Gelbkörper-Hormon, die für die Veränderungen an der Gebärmutterschleimhaut verantwortlich sind, durch die Hirnanhangdrüse gesteuert werden.[313]

1933-1945 In verschiedenen zeitgenössischen Zeitschriften wird in kleineren Anzeigen für Camelia, Samu Samtweich (beide Paul Hartmann) und Wiesbasan Damenbinden (W. Söhngen & Co., Wiesbaden) geworben.[314]

1936 Die Firma Tampax bringt in den USA den ersten kommerziellen Menstruationstampon der Welt auf den Markt. Der Tampax®-Tampon benötigt zur Einführung einen Applikator.[315]

1937 Die Sportbinde von Camelia kommt auf dem Markt.[316]

1. September 1939 Ausbruch des 2. Weltkrieges. „Die Belieferung mit Camelia wurde als kriegswichtig eingestuft und von den Behörden nicht nur genehmigt, sondern auch gefördert und durch reibungslose Belieferung mit entsprechenden Rohstoffen unterstützt."[317]

40er Jahre In den USA wurden in der Werbung Frauen präsentiert, die dank der richtigen Binden oder Tampons auch während der Menstruation ihrer verantwortungsvollen Arbeit nachgingen.[318]

1943 Der Gynäkologe Prof. Stieve führt in Gefängnissen Untersuchungen zur »Schreckblutung« an den inhaftierten Frauen durch. Er untersuchte, ob die Frauen, deren Menstruation während der Inhaftierung ausblieb, nach Ankündigung der Urteilsvollstreckung spontan menstruierten.[319]

1950 In der Bundesrepublik Deutschland erscheint der o.b.®-Tampon, der eine Einführung ohne Applikator erlaubt. Im gleichen Jahr kommt auch Tampax® in Deutschland auf den Markt.[320]

50er Jahre Der Beginn einer auffälligeren und direkteren Werbung: „Statt der dezenten, fast unsichtbaren kleinen Hinweise auf Binden, Stärkungstropfen und einschlägige Schmerztabletten, füllen jetzt großformatige, farbenfrohe Anzeigen

[311] Umbach 1988, 299.
[312] Schlehe 1987, 161.
[313] Hering; Maierhof 1991, 77.
[314] Hering; Maierhof 1991, 99.
[315] Umbach 1988, 300.
[316] Camelia. Eine Marke macht Karriere, 14.
[317] Camelia. Eine Marke macht Karriere, 15.
[318] Schlehe 1987, 39.
[319] Hering; Maierhof 1991, 105-106.
[320] Umbach 1988, 300.

ganze oder wenigstens halbe Seiten der Illustrierten."[321] Die Vorstellungen in der Gesellschaft zum Thema Menstruation ist weiterhin konservativ und moralisch. Die Mehrheit der Befragten einer großen Umfrage aus dem Jahr 1950 besteht auf dem Standpunkt, Geschlechtsverkehr während der Periode sei schädlich. Auch die irrtümliche Auffassung, daß die Benutzung von Tampons die Jungfräulichkeit gefährde, ist noch allgemein verbreitet. Genauso wie die Mythen über das Menstruationsgift weiter bestehen.[322]

50er und 60er Jahre In der Werbung dominieren „Bilder von Frauen, deren vorrangige Aufgabe, schön zu sein, unbeeinflußt von den Vorgängen ihres Körpers ist. Die Schlagworte >Zartheit<, >Sicherheit< und >Freiheit< wurden bestimmend."[323]

1958 Es wird der Beweis erbracht, daß Menstruationsblut kein Menotoxin enthält.[324] Trotzdem tauchen in der ethnologischen Literatur, wie Schlehe zeigt, noch 1968 und 1984 „Verweise auf die Existenz von Menotoxinen auf, meist unter Bezugnahme auf die Studien von Schick und dessen Nachfolgern in den 20er Jahren."

60er Jahre Die Jahre der „sexuellen Revolution". Thema Nr. 1 in Bezug auf die Menstruation in den Aufklärungsbüchern: Das alte Sexualtabu, also: ist es (der Geschlechtsverkehr während der Periode) verboten oder nicht?[325] Sonst ist das Thema Menstruation für die meisten Sexualaufklärer aber nicht selbstverständlich. Dies nicht so sehr „aus Prüderie, sondern im Zuge einer Sexualeuphorie, die zum Geschlechtsverkehr ermuntern will – und da ist die offene Auseinandersetzung mit der Menstruation eher hinderlich, weil man Position beziehen müßte – darf man nun – oder darf man nicht [...] Also wird's brav ausgeklammert [...]"[326] Außer bei Günter Amendt, in dessen „Sex-Buch" Ulrike über ihre erste Periode und die darauf folgenden Erfahrungen berichtet.[327]

70er Jahre Beginn der neuen Frauenbewegung Die Reklame zeigt „überwiegend junge Frauen, die in ihren >kritischen Tagen< ungehindert sportlichen Aktivitäten [nachgehen]. Gegen Ende des Jahrzehnts [tauchen] dann auch berufstätige Frauen auf, und das Thema >Sicherheit am Arbeitsplatz< [kommt] zur Sprache. In dieser Zeit [gewinnt] das Wort >natürlich< an Bedeutung."[328]

1972 Camelia 2000, die 1. Formbinde mit zwei Klebestreifen kommt als erste selbsthaftende Binde auf den Markt. Genau wie Camelia Mini, die 1. kürzere und dünnere Binde am Markt.

1973 Menstruation taucht im Fernsehen in den USA als Thema in der Serie „All in the family" auf. Episode: „Die Schlacht des Monats": Gloria ist wegen

[321] Hering; Maierhof 1991, 122.
[322] Hering; Maierhof 1991, 122.
[323] Schlehe 1987, 39 – 40.
[324] Hering, Maierhof 1991, 115.
[325] Hering; Maierhof 1991, 130 + 132 f.
[326] Hering; Maierhof 1991, 135.
[327] Hering; Maierhof 1991, 135.
[328] Schlehe 1987, 40.

ihrer Periode schlechter Laune und streitet sich mit Edith, ihrer Mutter. Archie, der Vater, der in jeder Hinsicht konservativ ist, protestiert dagegen, daß Gloria in seiner Anwesenheit über ihre Periode redet. Erstsendetermin: 24.3.1973. Diese Episode war ein Schock. Nach der Ausstrahlung trafen „mehr Briefe ein als nach jeder anderen, und die meisten protestierten dagegen, daß die Menses erwähnt worden war.“[329]

1973 und 1974 Es wird fast zur Mode, die Menstruation im Film zu erwähnen. Drei Variationen sind möglich: Die Periode tritt nicht ein – Angst vor Schwangerschaft // Das Geschlechtsverkehrstabu // Frauen sind wegen ihrer Krämpfe unglücklich.[330]

November 1973 Feministinnen aus Los Angeles gaben auf der Konferenz der amerikanischen Gesundheitsorganisation einen „Überblick über die menstruelle Extraktion“. Die Frauen der Selbsthilfeklinik zeigten für die Frauen unter den Zuhörern eine menstruelle Extraktion [Die 10 anwesenden Männer wurden gebeten den Raum zu verlassen]. Durch die menstruelle Extraktion kann eine Frau [...] die Periode gleich nach Beginn beenden. Sobald die Blutung anfängt oder wenn es Zeit für sie wäre, führt die Frau [...] einen Schlauch (genannt Kanüle) in die Gebärmutter ein; die Kanüle ist mit einer Flasche und einer etwa 15 cm langen Spritze verbunden, die das Menstruationsblut buchstäblich herauspumpt. Die Gebärmutterschleimhaut, die normalerweise innerhalb mehrerer Tage während der Menstruation abgestoßen wird, wird in Minutenschnelle abgepumpt. Enthusiastinnen reden von einer „60-Sekunden-Periode“.[331] “Heute ist die menstruelle Extraktion höchst umstritten. Manche stellen ihre Sicherheit in Frage.[...] Es gibt auch juristische Fragen.“ Die menstruelle Extraktion „ermöglicht einer Frau die völlige Kontrolle über ihren Körper, denn wenn sie schwanger ist, kann sie die Extraktion als „Mini-Abtreibung“ einsetzen [...]“ Trotz aller Bedenken ist die menstruelle Extraktion laut Courage „die bei weitem [...] aufregendste Entdeckung der Frauen-Gesundheits-Bewegung.“[332]

1976 – 80 Tampona Testmarkt in Bayern, ab 1978 auch in Baden-Württemberg. 1980: Nationale Einführung.[333]

1979 Das erste Sonderheft der Zeitschrift »Courage« erscheint. Es ist ausschließlich dem Thema Menstruation gewidmet. „[...] die Mehrheit der KioskbesitzerInnen weigert sich, das Heft öffentlich auszulegen – wegen des Titelbildes [Eine erhobene Hand in rot gehalten?], aber auch wegen des Themas schlechthin.“[334]

329 Courage 1979, 46.
330 Courage 1979, 48.
331 Courage 1979, 82.
332 Courage 1979, 83.
333 Information: VP-Schickedanz.
334 Hering; Maierhof 1991, 140.

1987 Der Schwerpunkt der Werbung zu Tampona liegt in der Ansprache junger Mädchen und Frauen; Auslobungsschwerpunkt liegt auf der blauen Sicherheitszone.[335]

15. 5. 1996 In der Sendung „Liebe Sünde" Pro Sieben gibt es einen Beitrag zu Menstruation. U. a. wird von einem Menstruationsmuseum in Washington (Betreiber: Harry Finley), von der feministischen Künstlerin Portia Munson (Sie stellt Abdrücke mit ihrem Menstruationsblut her) und vom chinesischen Künstler Wenda Gu (Ausstellung: „Geheimnis des Blutes") berichtet. Weitere Sendungen zum Thema Menstruation in „Liebe Sünde": 13.07.1994 (Monatshygiene) und 07.06.1995 (Tanz der Hormone).

Trotz allen Bemühens gibt es bis zum heutigen Tag keine einheitliche Theorie zur Entstehung des sogenannten prämenstruellen Syndroms.[336]

[335] Information: VP-Schickedanz.
[336] Vgl.: Schlehe 1987, 35; Courage 1979, 33.

LITERATURVERZEICHNIS

- 60 Jahre Camelia. Eine Marke macht Karriere. Hg. v. Vereinigte Papierwerke AG, Nürnberg: o. V. o. J. [ca. 1986].
- Balle, Christel: Tabus in der Sprache. Frankfurt am Main, Bern, New York, Paris: Peter Lang Verlag 1990.
- Brantenberg, Gert: Die Töchter Egalias. München: Frauenoffensive 1987.
- Brockhaus – Enzyklopädie, 19. völlig neubearb. Aufl. – Mannheim: Brockhaus 1994.
- Bußmann, Hadumod: Lexikon der Sprachwissenschaft. 2., völlig neu bearbeitete Auflage. Stuttgart: Alfred Kröner Verlag 1990.
- Courage, Sonderheft 1: Menstruation. Die Kulturgeschichte eines Tabus. 1. Jahrgang (1979).
- Danninger, Elisabeth: Tabubereiche und Euphemismen. In: Sprachtheorie und angewandte Linguistik. Werner Welte (Hrsg.) Tübingen: Narr 1982. S. 237 – S. 251.
- Die Menstruation. Ein Informationsheft für Mädchen. Hg. v. Always, Procter & Gamble. o. O.: o. V. o. J.
- Die Regel. 'Wir haben noch ein paar Fragen'. Hg. v. o.B.-Beratung. Düsseldorf: o. V. 1993.
- Duden. Herkunftswörterbuch. Etymologie der deutschen Sprache. Mannheim, Leipzig, Wien, Zürich: Dudenverlag 1989. (Bd. 7).
- Etymologisches Wörterbuch des Deutschen. Hg. v. Pfeifer, Wolfgang. Akademie der Wissenschaften der DDR. Berlin: Akademie – Verlag 1989.
- Fischer, Ludwig: Des Käufers Stellvertreter und sein Konterfei. In: Sprache im technischen Zeitalter. Heft 51. 1974
- Francia, Luisa: Drachenzeit. 2. Auflage, München: Verlag Frauenoffensive 1988.
- Groening, E.; Siebert, K.; Weinstrauch, F.: Hygienemittel. In: Kosmetik. Entwicklung, Herstellung und Anwendung kosmetischer Mittel. Hg. v. Wilfried Umbach. Stuttgart, New York: Georg Thieme Verlag 1988. S. 298 – 323.
- Hannappel, Hans; Melenk, Hartmut: Alltagssprache. Semantische Grundbegriffe und Analysebeispiele. München: Wilhelm Fink Verlag 1979.
- Hasselhoff, O.W.: Kommunikation und gesellschaftlicher Wandel. In: Bund deutscher Werbeberater, (Hrsg.), Kommunikation & Gesellschaft, Karlsruhe 1972 (Effektive Werbung 3); nicht eingesehen.
- Hering, Sabine; Maierhof, Gudrun: Die unpäßliche Frau. Sozialgeschichte der Menstruation und Hygiene 1860 – 1985. Pfaffenweiler: Centaurus-Verl. 1991.
- Hermanns, Arnold: Sozialisation durch Werbung. Düsseldorf: Bertelsmann Universitätsverlag 1972.
- Januschek, Franz: Arbeit an Sprache. Opladen: Westdeutscher Verlag 1986.
- Januschek, Franz: Werbesprache. In: Sprache im technischen Zeitalter. 1974. Heft 51. Höllerer, Walter; Miller, Norbert (Hrsg.)

- Keller, Rudi: Worttabu und Tabuwörter. In: Sprache und Literatur in Wissenschaft und Unterricht. Hg. v. Heringer; Kurz; Stötzel. 60/1987. S. 2 – S. 9.
- Kuhn, Fritz: Tabus. In: Sprache und Literatur in Wissenschaft und Unterricht. Hg. v. Heringer; Kurz; Stötzel. 60/1987. S. 19 – S. 35.
- Lindner, Rolf : Das Gefühl von Freiheit und Abenteuer. Ideologie und Praxis der Werbung. Frankfurt / Main [u.a.]: Campus-Verlag 1977.
- Luchtenberg, Sigrid: Euphemismen im heutigen Deutsch. Frankfurt am Main: Peter Lang Verlag 1985.
- Musolff, Andreas: Sind Tabus tabu? Zur Verwendung des Wortes Tabu im öffentlichen Sprachgebrauch. In: Sprache und Literatur in Wissenschaft und Unterricht. Hg. v. Heringer; Kurz; Stötzel. 60/1987. S. 10-18.
- Pieper, Ursula: Worüber man nur »anders« spricht. In: Sprach-Report. Informationen und Meinungen zur deutschen Sprache. Hg. v. Institut für deutsche Sprache. 4/91. S. 5-7.
- Pusch, Luise F.: Das Deutsche als Männersprache. Frankfurt am Main: Suhrkamp Verlag 1984.
- Püschel, Erich: Die Menstruation und ihre Tabus: Ethnologie u. kulturelle Bedeutung; eine ethnomedizin-geschichtl. Übersicht / von E. Püschel. – Stuttgart; New York: Schattauer 1988.
- Reher-Juschka, Gabriele; Biebrach, Christel: Blutrot. Was Menstruation bedeutet. 2. Auflage. Berlin: Donna Vita 1992.
- Schadewaldt, H.: Vorstellungen über die Entstehung und den Zweck der Menstruation, in: Med. Mitteilungen der Schering AG, 1978, S.88 f.; (nicht eingesehen).
- Schlehe, Judith: Das Blut der fremden Frauen. Menstruation in der anderen und der eigenen Kultur. Frankfurt/New York: Campus Verlag 1987.
- Steinmann, Matthias F.: Massenmedien und Werbung. Freiburg im Breisgau: Rombach & Co GmbH 1971.
- Umbach, Wilfried (Hrsg.): Kosmetik. Entwicklung, Herstellung und Anwendung kosmetischer Mittel. Kap. 6: Hygienemittel. New York: Georg Thieme Verlag, Stuttgart 1988.
- Vom Flachs bis zur Ultra-Kern-Technologie – Monatshygiene im Spiegel der Zeit. Frankfurt 1991.
- Wagner, Luise: „Sex darf nicht im Vordergrund stehen". Aufklären, aber wie? Interview mit Fritz Poustka, Leiter der Frankfurter Jugendpsychiatrie. In: Der Stern 41 (1993). S.113.
- Walker, Barbara G.: Das geheime Wissen der Frauen. New York: 1983 HarperCollins Publishers, inc., Frankfurt / a.M.: Verlag 2001 1993.
- Westphal, Juliane: Fütterung eines Walfischmauls. Unterleibsgrafik oder Gebrauchsanweisung? In: taz, 11. 4. 1996.

WERNER PIEPER

Das ScheissBuch

Entstehung, Nutzung und Entsorgung menschlicher Fäkalien

DER GRÜNE ZWEIG 123

EDITION UNTER DER GÜRTELLINIE

"Das einzige und definitive Pendant zu Legionen von Kochbüchern." *taz*

"Fundierte und fröhliche Fäkalien Bibel" *mid Nachrichten* – "Würden Sie ein Scheiß-Buch lesen? Natürlich nicht. Soll-ten Sie aber." *Profil, Österreich* – "Pionierdienste!" *Tip* – "Standardwerk der Scatologie." *Baseler Zeitung* – "Kuriose und kunstreiche AA-Fibel ... Piepers tabusprengende Enzyklopädie läßt keine Frage unbeantwortet ..." *Stern*
Durch seinen legendären TV-Auftritt bei 'So Isses!' gelang es dem Autor, aus 'Scheiße' Gold zu machen. Einer unserer Bestseller.

250 Seiten, reichhaltig illustriert, Format 22,5 cm², ISBN 3-925817-23-9, 28 DM

WERNER PIEPER

Ene Mene Mopel - Die Nase und der Popel

Handbuch für NasenbohrerInnen

DER GRÜNE ZWEIG 139

EDITION UNTER DER GÜRTELLINIE

Fast jede/r popelt lustvoll, aber keine/r redet darüber. Das Sprechen über Tabus und das Wissen über deren Hintergründe befreit. In der Nase bohren auch. Werner Pieper hat eine Nase für sanfte Tabus. Für dieses Buch zog er so manchen Info-Popel aus NasenUsern und der Fachliteratur:

- Das Werk Nase: Anatomie, Atmung & Geruch
- Proklamation einer abseitigen Organlust
- Erlebnisberichte & Popeltechniken: Nasi Bohring
- Nase & Drogen: Erleuchtung oder Scheidewand ade?
- Das Niesen – der kleine Orgasmus
- Nasa Brahma: Eso Popel/Zugang zu höheren Welten
- Die naso-genitale Connection
- Verstümmelung & Schönheitsoperationen
- Zum Phänomen des Verzehrs körpereigener Produkte (& Geschmackstest!)

180 Seiten, Format 20 cm², ISBN 3-925817-39-5, 20 DM

ROLAND RANKE-RIPPCHEN

Das böse Bibel Buch

Sex, Drogen & Horrorstorys

DER GRÜNE ZWEIG 145

EDITION UNTER DER GÜRTELLINIE

"Ein Bibel-Konzentrat, wie man es schon immer lesen wollte ... nebenher liefert Rippchens Anti-Bibel die Überschrift des Jahres: "Masturbierte Onan nie?" *Der Spiegel 39/91*
"Gäbe es sie noch, die Inquisition – sie würde erbarmungslos nach Autor Roland Ranke-Rippchen und Verleger Werner Pieper fahnden und dessen Verlag 'Medienexperimente' samt Inhalt auf dem Scheiterhaufen verbrennen. 'Das böse Bibel Buch' ist ein heiteres, ironisches, nachdenklich stimmendes, locker lesbares Schwarzbuch zum Buch der Bücher. Was uns der 'Herrgott' und seine alttestamentarischen Getreuen so alles zu Themen wie

Inzucht, Homosexualität, Abtreibung, Frauenraub, Onanie, Vergewaltigung, Sodomie, Drogen und Prostitution zu sagen haben, ist sowohl für Spirituelle, als auch für eingefleischte Materialisten ein 'Aha'-Erlebnis ..."
R. Schweidlenka, Alternativ Magazin

140 Seiten, Format 20 cm²
ISBN 3-925817-45-X, 20 DM

HEATHCOTE WILLIAMS & W. PIEPER (HRSG.)

Aus den Vorhaut Akten

DER GRÜNE ZWEIG 128
EDITION UNTER DER GÜRTELLINIE

Es ist zum aus der Vorhaut fahren! Einem Sechstel der männlichen Weltbevölkerung fehlt die Vorhaut: Abgeschnitten, meist gleich nach der Geburt. In den USA sind 90% aller Männer beschnitten. Bei den Juden wird nach der Geburt beschnitten, bei den Mohammedanern mit acht, im Jemen kurz vor der Hochzeit. Warum, weshalb und wieso?
"Williams' emphatischer Text und das angefügte Material zur Theorie und Praxis der Enthauptung des Mannes zeigen, daß es tatsächlich keinen vernünftigen Grund zu geben scheint, Mutter Natur ausgerechnet an der für ihre eigene Hervorbringung wichtigsten Stelle zu korrigieren." *taz*

100 Seiten, Format 20 cm²,
ISBN 3-925817-28-X, 15 D

In der Reihe UNTER DER GÜRTELLINIE präsentiert Der Grüne Zweig Schriften, in denen es um die Befreiung überholter Tabus geht.

LUISA FRANCIA

Warten auf blaue Wunder

DER GRÜNE ZWEIG 151

"Du wirst noch deine blauen Wunder erleben, sagte meine Großmutter, und das war natürlich drohend gemeint. Aber ich hatte immer schon ein erotisches Verhältnis zu Sprache, zu Wörtern, und es gibt für mich keine größere Verheißung als Das Blaue Wunder. Auf dem Weg zum Blauen Wunder lernte ich schreiben, zuhören, lesen, zaubern, weinen, lachen..."
Luisa Francia
Dieses Buch vereint die besten Reportagen, Portraits, Essays und Geschichten Luisa Francias, die zum Teil schon in *Transatlantik, Esotera, taz* und anderswo erschienen sind, u. a.

- Hexen ist keine Hexerei
- Das Orakel von Benin
- Afrikanische Märkte
- Das Fremde wahr nehmen
- Der Wald schweigt nicht mehr – er geht
- Zauberhaft geschmückt
- Portraits von Susanne Wenger, Herbert Achternbusch,
  Isabelle Eberhardt und Jim Morrison
- Angenommen, es käme eine Fee

192 Seiten, natürlich auf Hanfpapier,
ISBN 3-925817-51-4, 20 DM

LUISA FRANCIA

Ich machte mich auf die Findung, denn Sucherin bin ich keine

DER GRÜNE ZWEIG 130

Xpedition zum Untersberg, ein Bericht über eine Trancereise, die zum einzigen mitteleuropäischen Ahnenberg, dem Untersberg bei Salzburg führt. Fiebervisionen, alltägliche Ereignisse, Gewalt in der Dämmerung zwischen Phantasie und Realität und eine Suche nach dem roten Faden unserer Mythengeschichte verbinden sich zu einer Ballade der Findung. Die Xpedition zum Untersberg wird zur uralten schamanischen Reise in die Schattenwelt, in der sich Licht und Dunkel zu Ekstase verbinden, in der die Polaritäten sich aufheben und zu einer einzigen Schwingung werden.

Genug Pathos: Xpedition zum Untersberg ist auch der Mut zum Wahnsinn in einer Trance, die sich aufs Spinnen verläßt, aber nie den roten Faden verliert, der zurückführt.

Luisa Francia hat rund ein Dutzend Bücher geschrieben, mehrere Filme gedreht, Drehbücher (u. a. für/mit Margarethe v. Trotta) und Theaterstücke verfaßt.
Für diese Ausgabe hat sie mehrere eigene Bilder beigesteuert.

**Mit vierfarbigen Illustrationen,
72 Seiten, ISBN 3-925817-30-1, 17.50 DM**

KARL KRÜLL

Träume Leben

Praktiken selbstverantwortlicher Traumgestaltung

DER GRÜNE ZWEIG 188

Der Träumer ist seinen Träumen am nächsten. Logisch. Genauso logisch auch, daß nur der Traumautor authentische Bedürfnisse & ein adäquates Verlangen nach Möglichkeiten des Umgangs mit seinen Träumen hat.

Die in diesem Buch an Fallbeispielen vorgeführte Methodik der eigenen Traumarbeit unterscheidet sich von herkömmlichen Methoden dadurch, daß sie nicht von schematisierendem, weder von kontrollierendem noch von psychologischem Sehen & Denken ausgeht. Sie führt sowohl erzählerische wie faktisch-nüchterne Kriterien vor, die dem Leser & Träumer selbst, also unabhängig vom Spezialisten, bewegbar, veränderbar, und im wahrsten Sinne des Wortes gestaltbar sind. Der Träumer lernt hier einfach und ohne Vorbildung, für seine Träume Aktionsfelder einzurichten & sich selbst darin – mitsamt seinem Traum – zu bewegen. Träume nicht nur erleben, sondern aktiv ausleben.

Der Autor ist bildender Künstler & lehrt die hier dokumentierte und erklärte Methode seit Jahren mit zunehmendem Erfolg an Kunstakademien. Er spricht aber sehr wohl jeden Träumer und jede Träumerin an, die mehr von ihren Träumen erhoffen, als sie morgens immer wieder schnell zu vergessen. Vom Autor üppig illustriert.

192 Seiten, ISBN 3-925817-88-3, 25 DM

SIGRID STANDOW HRSG.

80 Jahre Ernest Borneman

Ein Lüderliches Leben

Portrait eines Unangepaßten

DER GRÜNE ZWEIG 179

Borneman, vor allem in seiner Rolle als Sexualforscher bekannt, hat in seinem arbeitsreichen Leben unterschiedliche Beschäftigungen und Berufe ausgeübt: jugendlicher Mitarbeiter von Wilhelm Reich in Berlin, Student bei Bronislaw Malinowski, Journalist, Jazzmusiker und Rallye-Fahrer in England, Autor von fünf Romanen und fünf Bühnenstücken in englischer Sprache, Mitarbeiter von MELODY MAKER und DOWN BEAT, Produzent, Regisseur & Kameramann zahlreicher Dokumentarfilme in Kanada, Szenarist für Orson Welles, Chef des Adenauer Fernsehens (Vorläufer des ZDF) in Deutschland, Chef der UNESCO Filmabteilung in Paris, Gast zahlloser Hörfunk- und Fernsehsendungen in ganz Europa. Der Sachbuch-Autor Borneman machte sich vor allem durch *Das Patriarchat, das Lexikon der Liebe,* viele Medienauftritte und Zeitschriftenbeiträge einen Namen.

In dieser Anti-Festschrift kommen auch seine Kritiker zu Wort. Sie wurde zu einem Dankeschön und Abschiedsgruß an Ernest Borneman, der sein Leben, kurz nach seinem 80. Geburtstag, eigenhändig beendete.

432 Seiten mit 17 Fotos aus allen Lebensjahrzehnten, fadengeheftet, ISBN 3-925817-79-4, 35 DM

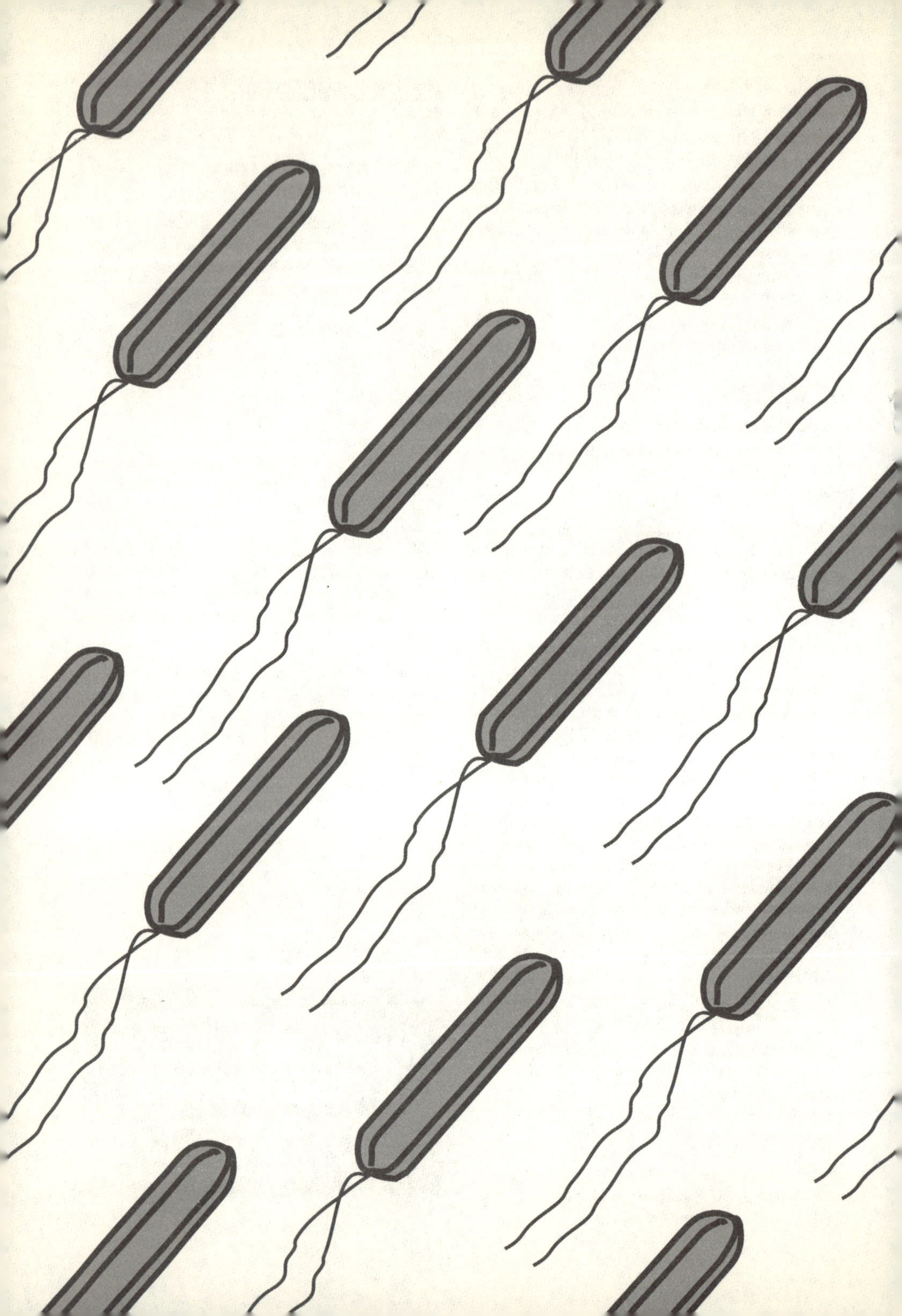